MANUAL DEL ESCOLTA

AVANZADO

Rafael Darío Sosa González

MANUAL DEL ESCOLTA

AVANZADO

Rafael Darío Sosa González

ESCOLTA AVANZADO

TABLA DE CONTENIDO

TERMINOLOGIA

AVANCE

Todas las actividades, planes y arreglos de seguridad hechos antes o durante una conexión con el movimiento del dignatario en un área determinada.

ESCOLTA DE AVANCE

Es el responsable de realizar las descubiertas de un área donde el dignatario permanecerá, al igual que la ruta por la cual se desplazará el dignatario. Recolecta información para la protección del dignatario antes de la visita.

PUNTO DE CONTROL

Es un puesto de seguridad con la misión de controlar el acceso a un área específica.

PUESTO DE MANDO

Es un centro de mando y control a través del cual todas las actividades e información que tiene que ver con una operación de protección son coordinadas.

VEHÍCULO ESCOLTA

Este es el vehículo que transporta al equipo de protección (escoltas).
El vehículo va inmediatamente detrás del vehículo del dignatario.

ESCOLTA DE AVANZADA

Es el agente designado para llevar a cabo la inspección de seguridad de la ruta a ser transitada por el dignatario a pie o en vehículo.

SITIO SEGURO   ÁREA SEGURA

Cualquier lugar que ha sido inspeccionado, registrado y hecho libre de personas desautorizadas y manteniendo seguro hasta que el dignatario haya dejado el área.

EQUIPO DE REGISTRO

Los agentes designados para inspeccionar un área, habitación, vehículo, avión, etc., en busca de artefactos explosivos, trampas explosivas, etc., antes de la llegada del dignatario.

AGENTE DEL SITIO

Es el agente responsable por la inspección de seguridad y de las medidas de seguridad en un local (hotel, aeropuerto, restaurante) que va a ser visitado por el dignatario.

INTRODUCCION

En primer lugar conviene meditar sobre los atentados ocurridos a lo largo del tiempo, resaltando que se han producido con relativa frecuencia a lo largo de la historia, siendo necesario habilitar procedimientos para proteger de un modo individualizado a personas por su especial relevancia en la sociedad, sean susceptibles de cualquier acción contra su integridad física (atentado), o contra su libertad de movimientos. Como por ejemplo pueden citarse los diez atentados que se intentaron cometer contra Napoleón, otros diez contra la Reina Victoria de Inglaterra, los diecisiete realizados contra el general De Gaulle, los intentados contra el Rey Hussein de Jordania y los producidos en los Estados Unidos con el balance de cuatro presidentes asesinados La FF.CC.SS. del Estado como institución encargada de proteger a las personas y los bienes, en los últimos años se han visto obligadas en la necesidad de aumentar sus efectivos y esfuerzos en los Servicios de Protección de Personas, ante la pujante y creciente demanda en estos servicios. Aun así, siguen siendo insuficientes y las empresas privadas de seguridad, paulatinamente, realizan cada vez más servicios en esta especialidad,. Hay que aceptar, por razones obvias, que ante posibles ataques a una comunidad los miembros de las esferas políticas, financieras o empresariales suelen soportar, niveles de riesgo personal más elevados, sobre todo si tienen la condición de líder; no olvidándonos de otras esferas sociales algunos de cuyos miembros pueden también ser objeto de atentados o ataques de diversa índole. Es conveniente subrayar que los numerosos atentados que se han sucedido en el tiempo hasta nuestros días(algunos con resultado de muerte), deben servir de memoria y experiencia histórica para los que se dedican a la Protección de Personas, ya que los hechos demuestran una y otra vez que, en general, la forma de realizar los atentados tiende a repetirse. Podemos recordar y analizar, las similitudes existentes entre dos hechos distantes en el tiempo. El primero, el atentado que causó la muerte en Sarajevo (Serbia), en 1914

Al heredero de la corona austríaca, el archiduque Francisco Fernando; y el segundo, el sufrido por el Papa Juan Pablo II en la plaza de San Pedro del Vaticano, en 1981. Los dos atentados fueron cometidos por sendos individuos con un arma corta de fuego, aprovechando la multitud que aclamaba la comitiva de las personalidades. Haciendo un seguimiento histórico de atentados podemos deducir que aunque una personalidad haya salido ilesa de un atentado, sigue estando expuesta a otros posteriores que pueden acabar con su vida, dependiendo a veces de que se presente la oportunidad o el momento idóneo para llevarlos a cabo. Recordemos el caso del que fue Primer Ministro de la India, Rajiv Gandhi, el cual sufrió dos atentados, uno en1986 y otro en 1987, y posteriormente otro en 1991 que le supuso la muerte. El caso del Juez italiano Giovani Falcone que estaba amenazado por la mafia italiana desde el año 1967, siendo abortado un intento de atentado en 1989, fue asesinado en 1992.Para finalizar, recordemos que en las operaciones o servicios de protección de personas, nunca hay que olvidar que uno de los fundamentos en la Autoprotección determina que la seguridad total no existe y por consiguiente hay que aceptar que no es posible prestar un servicio de protección de personas que ofrezca un cien por cien de efectividad.

ESCOLTAS AVANZADOS

Se suele definir a la protección personal, como la conjunción de medios, medidas y normas, que con las actuaciones personales tienen como fin garantizar la integridad física y libertad de una persona. PROTEGER ES COORDINAR La protección es ante todo el resultado de un conjunto de voluntades y esfuerzos coordinados. Sin ésta coordinación, se dará seguridad en mayor o menor grado, pero no-protección. SEGURIDAD Y Protección protección es el resultado eficaz de la seguridad. La protección personal es el ejercicio máximo del profesional de seguridad. En una protección personal se debe seleccionar una o dos de entre numerosas situaciones que pueden darse, y no se pueden permitir fracasos. No quiere decir que en protección de personas trabajen o deban estar los mejores, simplemente que es un trabajo para los que quieran serlo. QUIEN DEBE SER PROTEGIDO Tenemos que partir de la base de que ya de las Constitución es de los Países del Mundo en su mayoría reconoce una protección genérica e indiferenciada, y nos refieren respectivamente lo siguiente: Todos tienen derecho a la vida y a la integridad física

privada. Se protege a una persona, no porque su vida valga más que la de cualquier otro ciudadano por mísero y anónimo que sea. Se protege por que la sociedad lo necesita vivo y con libertad de acción para que realice su tarea y en resumen se le protege la vida, entre otras cosas, por ser difícilmente sustituible. MOTIVOS PARA EL RIESGONIVEL DE REPERCUSION En origen hay un riesgo porque el agresor ve en la persona a proteger al responsable, el símbolo, el culpable o implicado en aquello que quiere cambiar o vengar, o cuando lo ve como un obstáculo o un medio para el logro de los fines que persigue. Hay un riesgo que denominaremos de noticia, por perseguir con su acción un eco publicitario, para así darse a conocer o extenderse como grupo, hacerse temer como actuantes y lograr la consideración de peligrosos e importantes. Confeccionar los riesgos a los que se ve sometida la persona presenta dos vertientes: la de estudiar quien asume el primero de ellos, y quien lo puede asumir en determinando día u ocasión por ser el más fácil de acceder y tener repercusión garantizada.

TECNICAS DE CONDUCCION

GENERALIDADES

El hecho de conducir un vehículo, cualquiera que sea, demanda a la persona un alto grado de atención presta a los comportamientos imprevisibles. El conocimiento pleno del vehículo que usted conduce le dará las pautas necesarias, para un buen desempeño como piloto de la máquina que en un momento dado le puede salvar la vida o quitársela.
La conducción defensiva es una de las normas obligatorias de todo buen conductor.

OBJETIVO GENERAL

Analizar los elementos necesarios que se requieren para lograr una óptima relación hombre - máquina en beneficio de preservar la vida de personalidades y la propia.

OBJETIVOS ESPECIFICOS

Analizar las características de un vehículo como herramienta de trabajo
Analizar la relación conductor . vehículo
Analizar la relación conductor . vehículo . ejecutivo
Recomendaciones generales.

EL VEHÍCULO

EL FRENO Y LAS LLANTAS

- El timón no gira el vehículo; solamente dirige las llantas delanteras
- El rodamiento de las llantas dirige el vehículo
- Una vez las llantas dejan de rodar y empiezan a deslizarse, es imposible darle dirección al vehículo
- Al bombear los frenos, con las llantas girando entre bombeos, podemos darle la dirección necesaria al vehículo
- Cuando se frena, se aplica fuerza vertical sobre las llantas delanteras. Si se les aplica demasiada fuerza, las llantas se van a deslizar (es tratar de disminuir las revoluciones de las llantas y no de pararlas, porque esto hace que a la fricción del caucho en el asfalto se licúe y patine)

- Cuando se acelera, la fuerza vertical se aplica sobre las llantas traseras. Si se les aplica demasiada fuerza a las llantas traseras, estas van a girar (esto sucede cuando se aplica freno de mano y las llantas tienden a salirse a los lados)
- Los frenos no paran el vehículo. Los frenos paran el giro de las llantas.
- La fricción de las llantas sobre la superficie, para el vehículo
- La fricción al girar es mayor que la fricción al deslizar
- A mayor velocidad, mayor peso sobre las llantas
- Si el conductor dobla la velocidad, la cantidad de fuerza ejercida sobre el vehículo se incrementa por un factor de cuatro
- El diseño de la llanta y la condición de la superficie afectan la adhesión
- Mantenga las llantas infladas al máximo recomendado por el fabricante
- Una libra por debajo, le quitará 800 kilómetros de la vida de la llanta
- Seis libras por debajo, le incrementará el consumo de gasolina en un 20%
- Llantas desgastadas hacen que estas pierdan su habilidad de parar, girar o seguir
- Llantas desgastadas pueden deslizarse m{as fácilmente que llantas con buen labrado
- Nunca deje que las llantas se desgasten a menos de 2mm de labrado

RECUERDE

- El control más importante que tiene el vehículo es el freno
- Las partes MÁS importantes del vehículo son las llantas

La tecnología como aplicación práctica de la ciencia, pone a nuestra disposición instrumentos, máquinas y utensilios que nos permiten superar las limitaciones de nuestra condición humana. Al hacer uso de los avances tecnológicos debemos ser conscientes de nuestros verdaderos límites, para desenvolvernos con éxito en un medio que supera nuestra condición natural.

Con la aparición del vehículo el hombre ha mejorado su capacidad de locomoción ya que el hombre a paso normal avanza un promedio de 5 km./h. Con el uso del automóvil el hombre ha podido superar esa distancia en más de 40 veces, y en el mismo tiempo, alcanzar distancias mayores de las que podríamos recorrer con nuestro paso.

No nos detendremos a hablar de la estructura de un vehículo como tal ya que partimos del principio de que el auditorio conoce las estructuras de los mismos.

LIMITACIONES DEL VEHÍCULO

La física y las ciencias modernas afectan a cada uno de nuestros comportamientos, pues explican y permiten cuantificar los fenómenos que rigen el entorno donde nos desenvolvemos y a nosotros mismos.

Al utilizar nuestro automóvil lo hacemos con nociones muy rudimentarias, las exigidas para obtener el permiso de conducir que no pasan de ser las normas más elementales para conseguir un funcionamiento aceptable del tráfico en calles y carreteras.

Si a los conductores se les enseñara lo mínimo en las limitaciones que tiene un vehículo de seguro se salvarían muchas vidas.

- Efectuar campañas de información
- Más conocimiento del vehículo y sus limitaciones etc.

FUERZAS SOBRE EL VEHÍCULO

- **La energía cinética**: es la fuerza transmitida por el motor, es aquella que poseen los cuerpos en movimiento y es directamente proporcional a la masa.
- **Fuerza de inercia**
  tanto, cuando el vehículo deja de obtener la energía cinética al desacelerar sigue por inercia hasta detener su impulso por descomposición de fuerzas
- **La fricción**: Es el contacto entre las llantas y el pavimento
- **El mometum**: es la fuerza que se ejerce sobre el eje longitudinal del vehículo al dar una curva y que puede voltearlo. El área de contacto entre las llantas y el pavimento se disminuye y las fuerza generada aumenta. Si la fuerza resultante debida a la velocidad, aplicada sobre el lado contrario de la curva es mayor que la fuerza que sustenta el automóvil, este se voltea.
- **Fuerza centrífuga**: Cuando tomamos una curva con el automóvil aparece la fuerza centrífuga, que no es más que la fuerza presente de todos los cuerpos que están en rotación. Tirando el carro hacia el exterior, este esfuerzo es contrarrestado por adhesión de los neumáticos al pavimento. Si la fuerza centrífuga sobrepasa la fuerza de adherencia el vehículo saldrá de su trayectoria.

PERCEPCIÓN DE LA VELOCIDAD

Si tenemos una percepción clara de lo que es la velocidad habremos dado un paso enorme en la conducción de un vehículo.

Cuando se está conduciendo un vehículo se debe ojear permanente el velocímetro lo cual nos determinará la velocidad real con que nos desplazamos y por ende evitaremos sensaciones falsas de velocidad.

EJ: 1 Cuando circulamos por una autopista situada en un paisaje llano desprovisto árboles y edificaciones, la monotonía del paisaje, además de producir cansancio nos da la impresión de lentitud. Podemos estar circulando a 120 Km./h y tener la misma sensación de lentitud que si nos arrastráramos cual tortugas, pues las referencias que tomamos está alejadas de nuestro vehículo y tardan en desaparecer de nuestro campo de visión.

Ej.2 Si circulamos por una carretera estrecha y con árboles en el andén, la percepción de velocidad es intensa; las referencias más próximas son los árboles que desaparecen con rapidez de nuestro campo visual y nos producen una sensación de gran velocidad, aunque sólo circulemos a 80 Km./h.

Ej. 3 El estado firme de la carretera tiene influencias en la percepción de la velocidad; un firme adoquinado, por el ruido producido por las cubiertas al pisar las pequeñas irregularidades de la calzada, aumenta la sensación de velocidad.

Si no somos conscientes de la velocidad real de nuestro vehículo puede ocurrir que no aminoremos suficientemente la marcha ante la presencia de un obstáculo, confiados en que vamos despacio y nos llevemos un susto al vernos obligados a utilizar enérgicamente los frenos en los últimos metros o, incluso, tener la sensación que estos no funciona cuando la realidad se trata de la falta de conciencia de la velocidad real del vehículo.

- La velocidad de nuestro vehículo depende también de la presión de inflado de los neumáticos. (la sensación de velocidad que se percibe con unas llantas bien infladas es diferente a la de unos desinflados)

PERCEPCION VISUAL

La agudeza visual del conductor y su capacidad de atención son factores primordiales para una conducción segura. Los automóviles actuales disponen de la mayor superficie acristalada posible; de esta manera el campo se visión del conductor será máximo. Este campo de visión se aumenta con los retrovisores que permiten observar los vehículos situados atrás del nuestro. Pero a pesar de todo lo anterior existen ángulos muertos que nos impiden la visión de vehículos cercanos. Esto obviamente lo podemos reducir instalando retrovisores exteriores, pero no son la panacea.
La instalación de retrovisores planos nos permite la percepción real de la distancia entre nuestro vehículo y el otro.

CONDICIONES CLIMATOLOGICAS

Conducir con malas condiciones atmosféricas es obviamente más peligroso. La siguiente tabla muestra la distancia necesaria para poder parar

El vehículo en diferentes condiciones: (VER CUADRO EN ACETATO)

Seguimiento de otro vehículo: La mayoría de los conductores siguen a los otros vehículos muy de cerca, es muy peligroso si tenemos en cuenta la tabla anterior. Recomendación utilizar la técnica de los DOS segundos.

VISION NOCTURNA

Algunos conductores prefieren manejar de noche pero esto tiene sus limitaciones. Debemos ser conscientes de que circular de noche conlleva una serie de limitaciones con incidencia negativa sobre la seguridad.

- Cuando no luce la luna en el firmamento, por la noche la carretera se convierte en un túnel iluminado por nuestros faros en el cual no podemos distinguir nuestro entorno.
- Circulamos sin poder discernir caminos de salida o de escapatoria en caso de encontrar un obstáculo en la trayectoria de nuestro vehículo.
- El encandilamiento, en carretera es muy peligroso no demos corresponder igual para deslumbrar al conductor contrario.
- El reloj biológico funciona diferente en los organismos de las personas, algunos conductores que manejan de noche se han quedado dormidos con resultados nefastos.

Recomendaciones:

- Ajuste la velocidad al rango de sus luces
- Mantenga los ojos en movimiento de lado a lado (ver retrovisores)
- Proteja sus ojos del brillo (gafas etc.)
- Mantenga las luces y el parabrisas limpios
- Aprenda a utilizar las luces
- Facilite a los otros el que lo vean
- Evite conducir cuando está cansado o después de horas normales.

La fatiga es peligrosa en la conducción, relaja el estado de vigilia y el conductor merma su capacidad de observación y de toma de decisiones sin ser consciente de ello.
Aconsejable parar y descansar.
La fatiga es producida por el exceso de trabajo, cargas psíquicas y el tedio.
Debemos tener en cuenta que los efectos de una cabezada de dos segundos circulando por una autopista a 120 km./h, hacen que el automóvil recorra 66 metros sin control.
Recomendable descansar cada dos horas unos 15 minutos, no exceder 300 kilómetros diarios de recorrido.

VISIBILIDAD EN LA NIEBLA

- Uno de los fenómenos atmosféricos que más perjudican la profundidad de nuestro campo visual es la niebla.
- La concentración de humedad en las capas bajas de la atmósfera produce verdaderas nubes de vapor de agua que permanecen estable a ras del suelo y, si no hay viento que las desplace, resultan persistentes.
- Estas nubes, cuando se sitúan sobre la carretera impiden al conductor la visión con profundidad de manera que no puede percatarse de los obstáculos o de los vehículos que lo preceden hasta estar cerca de ellos. Cuando mayor es el espesor de la niebla, más deberá acercarse para poder distinguirlos; por este motivo, cuando se penetra en una zona con niebla es aconsejable reducir la velocidad a las posibilidades de visión e incrementar la señalización del vehículo.
- En la niebla resaltan más los colores claros que los oscuros.
- La luz amarilla tiene más poder de penetración que la luz blanca.
- La lluvia al empañar el parabrisas también disminuye nuestra visibilidad.
- La luces halógenas son recomendables, para incrementar la visibilidad

VISIBILIDAD EN LA LLUVIA

Es un fenómeno atmosférico que se presenta constantemente en la ciudades y carreteras, se presenta básicamente en tres modalidades que son:
Llovizna: lluvia menuda que cae blandamente
Lluvia: Más persistente que la anterior, medianamente fuerte
Aguacero: Más fuertes que los anteriores y se puede presentar con granizo

Recomendaciones:

- En caso de llovizna utilizar limpiaparabrisas en intermitente periódicamente accionar el control del agua para limpiar los vidrios
- En lluvia, encender desempañador trasero eléctrico y encender el control de aire en desempañado de vidrios para los vidrios delanteros.
- En caso de lluvia fuerte encienda los cocuyos
- Cuando se presenten aguaceros torrenciales y con granizadas, se deben encender las luces y accionar los limpiaparabrisas a su máximo, en lo posible busque refugio en parqueaderos, cubiertos estaciones de gasolina y demás que ofrezcan protección hasta que pase la intensidad de la misma.

EL TIEMPO DE RESPUESTA

La atención del conductor siempre debe de estar dirigida sobre la carretera por la cual transita y su entorno, debe valorar la distancia y velocidad a que se acercan los vehículos que circulan en sentido contrario; ante la presencia de un obstáculo en su vía que pueda perturbar su ritmo de marcha, deberá tomar una determinación una vez valoradas todas las posibilidades, esta valoración debe de ser automática. Podemos deducir que el tiempo de respuesta va desde el momento en que usted percibe el obstáculo hasta que lo evita.

EVALUACIÓN Y RESPUESTA

El conductor ante una situación reacciona de la siguiente manera:

- Percepción: percibe una señal o un peligro, reconoce la señal, evalúa su significado, analiza la situación.
- Decisión: opta por la maniobra considerada más eficiente, más favorable o menos peligrosa.
- Acción: efectúa los movimientos musculares sobre los órganos de control del vehículo.

EL CONDUCTOR

PORQUE OCURREN LOS ACCIDENTES
Generalment. . . . .
falla. Los accidentes son acontecimientos inesperados que resultan cuando uno o más elementos del sistema de conducción fallan.
El conductor falla en un 90%
El 50% de las fallas ocurren a consecuencia del alcohol y el abuso de las drogas.
Sólo el 10% es culpa del vehículo.

CAUSAS DE LOS ACCIDENTES

- Seguir otro vehículo muy de cerca
- Cambiar intempestivamente de carril o de velocidad
- Conducir por encima de lo que permiten las condiciones de tráfico
- No reconocer el peligro
- No poner atención al entorno
- Conducir mientras se está emocionalmente alterado
- Conducir cuando la visibilidad es restringida (niebla, etc.)
- Retroceder sin tener buena visibilidad o el control de los pedales, entre otros.

La mayoría de accidentes es el resultado del error de los conductores, y siempre hay una disculpa, mi carro fue embestido, el no puso la señal etc.

TIPOS DE ACCIDENTES.

- **Un solo vehículo**: en la mayoría de los casos el vehículo estaba fuera de control antes de golpear contra algo o salirse de la carretera. El conductor estaba dormido, no se dio cuenta, no reaccionó etc.
- **Choque lateral**: Cuando los vehículos viajan en direcciones paralelas y uno se mueve lateralmente contra el lado del otro
- **Choque trasero**: Cuando el vehículo que ocasiona el accidente golpea otro por detrás. Normalmente, el otro vehículo se encuentra parado o cuando el vehículo delantero frena y yo no llevo mi margen de seguridad
- **Choque de frente**: Cuando un vehículo golpea de frente a otro que viene en la dirección opuesta.

ATRIBUTOS DE UN BUEN CONDUCTOR

- Entiende sus limitaciones como conductor
- Aprecia las capacidades y limitaciones del vehículo
- Entiende las causas de los accidentes
- Entiende el medio donde probablemente pueden ocurrir los accidentes
- Posee un tiempo razonable de reacción debido a un buen estado físico y mental
- Posee una actitud positiva hacia la conducción
- Posee un criterio maduro
- Entiende como controlar un vehículo en caso de emergencia

HABITOS DE CONDUCCIÓN

Al prepararse para conducir, es muy importante seguir una secuencia particular y hacer de esa secuencia un hábito. Si sigue esta rutina le aumentará la protección y la seguridad

Inspección Matinal Diaria

- Haga una inspección detallada de los 360 grados de su vehículo
- Inspección de documentos reglamentarios (pase, tarjeta de propiedad, seguro obligatorio)
- Verifique la presión de las cuatro llantas y revise que no haya cortaduras
- Abra el compartimento del motor Inspeccione las correas, las mangueras y los cables
- Revise el nivel de líquidos: aceite, líquido de frenos, gasolina, agua batería, valvulina del embrague y agua
- Ajuste su asiento, los tres espejos y el timón
- Revisión equipo de carretera (llanta de repuesto, gato, cruceta, tacos triángulos y demás) y equipo de primeros auxilios
- Revisión partes eléctricas, encendido, tablero de controles, luces etc.

- Revisión de frenos
- Revise los cinturones de seguridad y los seguros de las puertas
- Encienda el motor y cuidadosamente revise todos los instrumentos
- Ajuste su cinturón de seguridad
- Tener pendientes las fechas de mantenimiento del vehículo (cambios de aceites, revisión frenos etc.)
- Siempre conducir a la defensiva

Durante el día Acercamiento al vehículo:

- Tenga las llaves listas al acercarse al vehículo. Esto minimiza el período de vulnerabilidad mientras se prepara a subir al auto
- Antes de subirse, observe dentro del vehículo para asegurarse de que no hay nadie dentro de este
- Mire atrás del vehículo, niños o mascotas son imposibles de ver desde el asiento del conductor
- Siempre retroceda despacio

Una vez dentro del vehículo

- Ponga el seguro a las puertas inmediatamente encienda el motor al mismo tiempo. Esto previene que alguien se le suba al vehículo después que usted y le permite una salida rápida
- Ajuste el cinturón y los espejos. Es muy importante que usted esté bien sentado confortablemente, (el asiento no debe de estar muy reclinado ni muy recto, la distancia de los brazos extendidos hacia el timón debe de estar a la altura de las muñecas), para poder observar donde usted está usted con relación a los otros vehículos
- Colóquese el cinturón de seguridad

Mientras conduce el vehículo:

- Siempre tome el volante con las manos en las posiciones del reloj: 3 y 9 Esto le permite un control máximo de su vehículo
- Ponga en práctica el uso de todas las señales de tránsito y de manejo
- Este preparado para parar o maniobrar rápidamente si es necesario
- Siempre sea extremadamente cauteloso cuando pase vehículos que están cargando o descargando artículos
- Mire constantemente y de manera rápida los espejos (retrovisor y laterales
- Recuerde: cuando pase cerca de colegios o parques detrás de una bola hay un niño
- Si va a retroceder verifique que no hay niños detrás de este. Es muy importante

RELACIÓN CONDUCTOR Y PROTEGIDO

La relación entre conductor- escolta y protegido es una relación de naturaleza personal, ya que implica la convivencia diaria y el hecho de compartir voluntariamente un riesgo, por lo tanto el establecer una adecuada pareja conductor   protegido requiere los mismos cuidados que establecer una pareja de novios.

Sorprende el caso de que algunos expertos internacionales en protección de ejecutivos

de beber en la misma copa a donde bebió el protegido. Esto para ver si hay manifestaciones de rechazo y así descartar a un futuro conductor.

Conductor vs. Ejecutivo

- Puntualidad y presentación
- Estar preparado física y anímicamente para iniciar labores
- Portar radio, armamento, documentos de identificación, teléfonos de emergencia
- Enterarse de la orden de trabajo, consignas y novedades en las rutas
- Prever una ruta principal y una alterna
- Tener en cuenta los sitios de apoyo y emergencias (Eestaciones de policía, Hospitales, clínicas, embajadas etc.)
- Tener siempre un trato amable y cortés con el ejecutivo o su familia
- Aconsejar permanentemente a la persona que se transporta sobre el uso del cinturón de seguridad
- Estar preparado para afrontar con serenidad los diferentes estados de ánimo del protegido (aplicando técnicas psicológicas de asertividad y autocontrol)
- Tener entrenamiento en técnicas de manejo defensivo y ofensivo, análisis de rutas, tiro, normas legales etc. (esto incluye participación del ejecutivo)
- Debe de mantener el secreto de la existencia o identidad del protegido (low profile). Ojalá tanto él como su protegido sean desconocidos y pasen desapercibidos.
- Ocultar siempre la ubicación del protegido
- Permanecer atento a los comunicados de radio y reportar todos los desplazamientos y en caso de emergencia reportar inmediatamente a la central.
- Por ningún motivo parar a comprar periódicos, cigarrillos, golosinas etc.
- Permanecer siempre junto al sitio donde se encuentra el ejecutivo
- Estar al tanto de las noticias y la situación de última hora
- Llevar a mano una guía turística
- Tener buenas relaciones con las autoridades, vigilantes y demás
- Permanecer a toda hora en estado de alerta y junto a su protegido y vehículo
- Cuando no este con el ejecutivo cumpliendo alguna misión de este, asegurar el vehículo en un parqueadero

- En caso de conocerse con anticipación alguna novedad sobre una ruta, el ejecutivo debe de ser informado para que cambie de ruta o no efectúe el recorrido.
- Evitar al máximo las rutinas de rutas y tiempo

MANIOBRAS DEFENSIVAS

PUNTO ROJO

PIENSE EN SEGURIDAD

AMENAZAS :
ACCIDENTES
ROBOS
ATRACOS
SEGUIMIENTOS
ATENTADOS
SECUESTROS

NOCIONES BASICAS DE FISICA

FUERZA CENTRIFUGA: $\dfrac{M*V2}{R}$

ESPACIO DE FRENADO: $\dfrac{V2}{2uG}$

ENERGIA CINETICA: $\dfrac{1}{2}$ M *V2

PUNTO ROJO
PREVENCION
RUTINAS EN:
HORARIOS
RUTAS
SITIOS
COSTUMBRES
RUTAS:
SITIOS DE APOYO
RUTA ALTERNA
ESCAPES

HERRAMIENTAS:
COMUNICACIONES

SEGURIDAD
AUTO COMO ARMA
PREPARACION MENTAL Y FISICA

PERCEPCIÓN DE LA VELOCIDAD / PERCEPCION VISUAL

PUNTO ROJO
ADÁPTESE A LA SITUACION: CONTROL, CONOCIMIENTO, HABILIDAD
SIENTASE SEGURO
DE LO QUE TIENE
DE LO QUE SABE
DE LO QUE HACE

TIEMPOS DE RESPUESTA / ALCOHOL /DROGAS / CAUSAS Y TIPOS DE ACCIDENTES.

PERCEPCION HUMANA: 0,5 - 0,6 SEG. MAS REACCION: 0,4 SEG. TOTAL 0,75 SEG. A 120 KM/H SE RECORREN 25 METROS , MAS LA DISTANCIA DE FRENADO.

ESCOJA LA OPCION: FRENE, EVADA, EMBISTA
FRENADO
EVASION
BLOQUEO
JOTA
EMBESTIDA
CONTRAVIGILANCIA

SUPERE LA SITUACION: ACTUE, AVISE EVITE SEGUIMIENTOS
ACTUE
EVADA EL CERCO   DE AVISO
EVITE SEGUIMIENTOS

ACERCAMIENTO AL VEHICULO / HABITOS DE CONDUCCION
PUNTO ROJO

BUSQUE SITIO SEGURO: AUTORIDADES, CLINICAS, OTROS.

POLICIA
BATALLON

AUTORIDADES
OFICINA
CASA

EJERCICIOS A EFECTUAR
- SLALOOM
- FRENADO
- EVASIVAS
- REVERSA
- JOTAS
- BLOQUEOS

CASUISTICA

I. JUSTIFICACION

El Estudio de casos se convierte en uno de los elementos metodológicos más enriquecedores, ya que permite un análisis más objetivo de cualquier problema de seguridad, sin importar su complejidad o su proyección.

II. OBJETIVO GENERAL

Capacitar al hombre de seguridad para enfrentar los problemas que pueden afrontar en el cumplimiento de su trabajo y que tengan un punto de comparación

III. OBJETIVOS ESPECIFICOS

- Aplicar una metodología de análisis de casos.
- Diseñar estrategias de reacción y de control ante la inseguridad.
- Conformar equipos de trabajo a partir de sus experiencias.

IV. CONTENIDO DEL PROGRAMA

1. CASO NR. 01.

```
TIPO          : BOMBA
HORA          : EN LA MAÑANA CAMINO AL TRABAJO
LUGAR         : CERCA DE LA RESIDENCIA.
PERSONAJE     : KARL. HEINZ BECURTS.
```

De camino a su sitio de trabajo, el Sr. BECURTZ y su conductor murieron a causa de una bomba atada a un árbol y detonada cuando pasaban por el lugar. Él era jefe de investigaciones y desarrollo de una compañía famosa en el mundo LA SIMENS en Munich. Y estaba trabajando en el programa STAR WARS guerra de las galaxias. La bomba estalló el 10 de julio de 1986 a las 07:30 horas aproximadamente, el grupo terrorista llamado acción directa se atribuyó la responsabilidad del atentado, el Sr. Becurtz, iba en un BMW 735, seguido de cerca por un carro escolta en el que iban sus guardaespaldas. Cuando el BMW paso frente al árbol los terroristas accionaron la bomba desde la camioneta que se encontraba parqueada a prudente distancia, tras los árboles. Las autoridades estiman que era una bomba de 22 Libras. El carro principal no era blindado y tanto el cómo su conductor murieron al instante. El carro escolta sufrió daños y los escoltas quedaron heridos pero sobrevivieron. El hecho que el Sr. Becurts llevara escoltas significaba que estaba amenazado y que estaba preocupado por su seguridad.

2. CASO NR. 02.

```
TIPO            : MOTO
HORA            : EN LA TARDE REGRESO DEL TRABAJO
LUGAR           : CERCA DE LA RESIDENCIA.
PERSONAJE       : GENERAL LICO GRIOGIERI
```

La víctima un General Italiano, fue asesinado mientras regresaba a su casa conducido por su chofer, el 21 de Marzo de 1987, mientras transitaban por una calle angosta y mal iluminada dos hombres en una moto cambiaron luces como si lo fueran a pasar el vehículo en el que se desplazaba el General, Los asesinos iban en una moto todo terreno con la cara totalmente tapada por el casco de protección, el conductor dio paso orillándose a la derecha, cuando el vehículo desacelero, le dispararon con un revolver en dirección de la ventanilla de atrás del vehículo del general. Al parar el carro los motociclistas se bajaron y lo remataron., Eran las 18:30 horas aproximadamente. Lo más triste es que unos meses antes hubo un atentado contra el general también desde una moto pero un conductor al ver que de la moto sacaban un arma le pito para advertir al conductor y emprendieron la huida por haber sido detectados a tiempo, el general no quiso que se comentara al respecto por no causar pánico.

3. CASO NR. 03.

```
TIPO            : PEATONES.
HORA            : EN LA MAÑANA CAMIO AL  TRABAJO
LUGAR           : CERCA DE LA RESIDENCIA.
PERSONAJE       :  KENN  BISHOP
```

Ken Bishop, ejecutivo de la Texaco Colombia, fue secuestrado en Bogotá el 7 de marzo de 1983. El secuestro ocurrió cuando él se dirigía a su trabajo con un escolta en el vehículo y un conductor, desafortunadamente en su residencia solo tenía una forma de llegar y salir, para llegar a su oficina tenía que hacer un cruce a a la derecha para tomar la vía principal, que era en dos direcciones y luego un rápido cruce a la izquierda en la dirección opuesta de la misma calle. Cuando volteaba la esquina para tomar la dirección opuesta unos peatones que estaban apostados en el cruce ametrallaron al conductor y al escolta. Una vez eliminados el conductor y el escolta se llevaron al Sr. Bishop secuestrado.

4. CASO NR. 04.

TIPO   : VEHICULOEN MOVIMIENTO.
HORA   : EN LA MAÑANA CAMIO AL TRABAJO
LUGAR   : CERCA DE LA RESIDENCIA.
PERSONAJE   : ALDO MORO

El caso de Aldo Moro es un clásico, el escenario, en Marzo de 1978, el mundo se sorprendido con el secuestro del respetado estadista de la política Italiana Aldo Moro, esto equivalía como al secuestro de algunos expedientes como Ford, Nixon, o Gaviria de Colombia y paralizo por entero a Italia.

Poco después de las 09:00 horas y luego de haberse detenido en una iglesia para recibir la comunión, Moro se dirigió al parlamento en su Fíat 130 color azul oscuro. Todas las mañanas asistía a la misma iglesia, a la misma hora, dejo así su huella fácil de encontrar se sabía que cada mañana Aldo Moro estaba en el mismo sitio y a la misma hora. En el fíat se encontraba su conductor y un escolta, tres escoltas lo seguían en un Alfa Romeo, en forma acostumbrada.

Cuando los vehículos avanzaban por un elegante sector hotelero y se aproximaban a un cruce de vías, un carro que llevaba placas Diplomáticas paso al Fíat y súbitamente se detuvo en la intersección. El conductor de Moro Freno tan repentinamente que el carro escolta se estrelló contra el Fíat.

El conductor y el acompañante del carro que los obstaculizo se bajaron simultáneamente simulando estar interesados en verificar si se habían presentado daños, se acercaron al vehículo del Sr. Moro sacaron pistolas y dispararon al conductor y escolta respectivamente, produciendo la muerte instantáneamente.

Antes de que esto ocurriera, cuatro hombres que llevaban uniformes de la aerolínea ALITALIA se habían apostado en el cruce de las vías simulando esperar el bus. Al iniciar la acción, atravesaron la calle y se acercaron a los carros sacando armas automáticas de sus maletines de vuelo, le dispararon a los escoltas matando a dos en el acto y un tercer escolta alcanzo a salir del carro pero un francotirador que se encontraba en un tejado cercano lo mato. En el cruce estaba un hombre y una mujer quien al parecer habían planeado el asalto.

Moro fue sacado de su carro y trasladado a otro Fíat que se encontraba cerca junto con su portafolios y el maletín de sus medicamentos. La planeación fue tan sorprendente por lo minuciosa y la precisión.

Por Ejemplo:

a) Para escapar, los secuestradores se dirigieron a la calle de circulación restringida que estaba cerrada mediante una cadena con candados. Los secuestradores estaban preparados para esto y llevaban corta pernos.

b) Simularon un accidente en los alrededores, desviando el tráfico del sitio del ataque.

c) Hicieron que la Policía se ausentara de la zona dando falsas alarmas de bombas colocadas en otros sitios.

d) El sistema telefónico quedo fuera de servicio en la Zona.

e) El francotirador estaba apostado en un tejado y asesino al único escolta que tenía posibilidades de reaccionar.

f) Las placas diplomáticas sirvió de señuelo para distraer y confiar a los escoltas, habían sido robadas de la embajada Venezolana hacia un año.

g) Un vendedor de flores que todas las mañanas ocupaba la esquina en que ocurrió el secuestro descubrió esa mañana que las llantas de su carro de ventas habían sido cortadas y no lo pudo sacar.

h) Como ocurre en la mayoría de los casos el Sr. Moro no era el Blanco inicial, el hombre que las Brigadas Rojas querían atrapar se encontraba en carro blindado y tenía un carro escolta bien blindado también, permanentemente cambiaba de rutas y horarios, no frecuentaba los mismos sitios, por lo cual resultaba muy difícil de alcanzar, por lo tanto el blanco más fácil era el Sr. Moro.

CONCEPTOS DE LIDERAZGO

CUALIDADES DEL LIDER

EL ENTORNO DEL HOMBRE DE SEGURIDAD

Introducción.- _ _ _ _ _ _ _ _ _ _ .

_ _ _ _ _ _ _ _ _ _ _

_ _ _ _ _ _   . e convive con otros.

La vida diaria de un ciudadano corriente demuestra este hecho: empieza la jornada desayunando en comunidad con la familia. Es este el primer círculo social al que pertenece. Allí se aprenden valores y se forman opiniones en el contacto con os padres y hermanos. Es el punto de partida de la evolución personal. El adulto termina su desayuno y se dirige al trabajo en donde entra de nuevo en relación con otras personas experimentando sentimientos de agradecimiento, compañerismo, enemistas, competencia. , en lo que haga en sociedad va repercutir en otros y viceversa.

Por la noche, el ciudadano medio suele reunirse con su amigo, ir a un partido de fútbol, asistir a una conferencia, etc. Todo lo anterior demuestra que el hombre es un ser social por naturaleza. De allí surge el concepto de relaciones humanas como las acciones y actitudes desarrolladas por los contactos entre personas y grupos.

Cada individuo es una personalidad altamente diferenciada que influye en el comportamiento y actitudes de aquellos con quien se mantiene en contacto y que igualmente es bastante influido por otros.

Es principalmente dentro de la empresa donde surgen las oportunidades de relaciones humanas, en razón del gran número de grupos y de las interacciones necesariamente resultantes.

EL TRABAJO EN EQUIPO Y LA COMUNICACION

En la sociedad los seres humanos se hallan en mutua interdependencia y relación; entendida esta última como el lazo o vínculo que existe entre las personas y los grupos. El contacto recíproco. La comunicación y la interacción son tan esenciales para el individuo como para el grupo, de tal manera que sin ellas la persona difícilmente viviría y el grupo, de tal manera que sin ellas las personas difícilmente vivirían y el grupo dejaría de funcionar.

Las relaciones no se limitan solamente a los vínculos familiares o a las de parentesco, sino que influyen también las relaciones dentro de las empresas, escuelas, iglesias, partidos políticos, equipos deportivos, etc.

Ahora bien las relaciones funcionan de varias formas. Es decir influyen varias maneras de comportarse. Algunas de estas son positivas y otras negativas

ACTITUD: Es una manifestación externa de la disposición o estado de ánimo.

Las positivas: Son aquellas que demuestran justicia, armonía y amistad.

Las negativas: Son aquellas que demuestran injusticia, enemistad y discordia.

FORMAS POSITIVAS DE INTERACCIÓN

Cooperación: Es una forma de relación social en la que más de 20 personas actúan conjuntamente para lograr los objetivos propuestos. Es decir, cada integrante del grupo desempeña sus funciones de la mejor forma posible para que la imagen y prestigio del grupo, o compañía se vean beneficiados.

Ejemplo: En cada turno que efectúo, procuro prestar el servicio de vigilancia y seguridad de la mejor manera posible, para dejar en alto mi imagen y la imagen de la compañía. Llego puntual a recibirle el puesto al compañero consciente de que él también necesita descansar.

La cooperación necesita

- Lealtad al grupo
- Responsabilidad en el cumplimiento de las funciones
- a Comunicación permanente entre los miembros

Ventajas de la cooperación

- Facilita el logro de los objetivos
- Permite que haya armonía en el grupo
- Incrementa la motivación para trabajar
- El trabajo resulta menos agotador y rutinario, al trabajar con sentido

Acomodación: Es un proceso de adaptación que permite a las personas continuar sus actividades aun sin estar en completo acuerdo de opiniones.
Ejemplo: algunos de los compañeros que tengo en el puesto no son de mi total agrado por su forma de ser. Sin embargo. Me acomodo a la situación para impedir o reducir los conflictos.

La acomodación es un medio de vivir en paz. De coexistir, que promueve en ocasiones la cooperación, entre los miembros. En otras palabras, modifico mis pautas de comportamiento con el fin de acomodarme a las de mis compañeros.

Ventajas de la acomodación:

- Favorece la Cooperación
- Eleva la calidad de vida laboral
- Disminuye los conflictos

Asimilación: Es un proceso por el que dos o más personas o grupos aceptan y realizan las pautas de comportamiento del círculo social al que ingresan.

Aun cuando está planteado de esta forma se debe pensar que es un fenómeno unilateral. Al contrario, es una relación de interacción en la que ambas partes actúan recíprocamente; la persona que llega a la cultura y el grupo o persona que la recibe y la acepta.

Ejemplo: La persona que ingresa a una empresa de seguridad con el propósito de prestar un servicio, debe empezar por asimilar la cultura de la compañía, lo cual incluye aprender la política interna, las consignas generales y específicas, el funcionamiento, etc.

A su vez los empleados antiguos están en él deber de aceptar al nuevo vigilante y en lo posible colaborarle para que este proceso se lleve a cabo de la mejor manera posible, logrando que la persona logre rápidamente se sienta identificada y se contagie de la cultura de su empresa. En otras palabras, es darle una cordial bienvenida y motivarle hacia su trabajo en la compañía. Esto se aplica no solo a la persona que ingresa a una empresa de seguridad; incluye además al vigilante que llega por primera vez a un puesto.

La asimilación necesita:

- Actitud abierta y sanan de las partes

- Aceptación voluntaria de participar en el proceso
- Madurez y rectitud de ambas partes
- Lealtad hacia las políticas de la Compañía

Ventajas de la asimilación

- Facilita la adaptación hacia el cargo y hacia la compañía
- Promueve los sentimientos de integración y cooperación
- Evita el estrés y los conflictos (Calidad de Vida)
- Si estos procesos se logran, con el correr del tiempo, la cultura de la Compañía se hace cada vez más sólida y los empleados con su excelente servicio marcan una pauta de diferencia con relación a las empresas donde no se han llevado a cabo.

Formas negativas de interacción

Conflicto: Es la forma de interacción por la que dos o más personas tratan de excluirse mutuamente, bien sea aniquilado una parte a la tras o bien reduciéndola a la reacción.

El conflicto se considera como medio para un fin. Es una relación humana recíproca en la que participan dos partes y en cuyos inicios se dan diversas formas de conducta inconformista. Estas se manifiestan con palabras, ademanes o acciones como injurias, aversiones, rivalidad, desprecio, ataques personales y físicos. El conflicto frecuentemente brota de la competencia y la oposición.

Ejemplo: Un grupo de personas que con sus actitudes e ideas buscan poner a los demás compañeros en contra de la compañía; en el fondo buscan protagonismo, suplir intereses individuales y desestabilizar el sistema laboral.

Obstrucción: Es un proceso social en el que cada una de las personas o grupos contrarios tratan de impedir que la otra logre sus objetivos, sea que ella misma desee obtenerlo o no.

A veces se la considera como una forma cortés y elegante del conflicto, dado que implica hostilidad y antagonismo, pero sin atacar directamente y de frente al contrario.
Ejemplo: Esta se presenta bajo muchas formas y se manifiesta en las tácticas consistentes en postergar, denunciar, obstaculizar y frustrar a los otros, en hacer campañas de falsos rumores y difamaciones.

NORMAS DE TRANSITO

CODIGO NACIONAL DE TRANSITO -Ley 769/02

AUTORIDADES DEL TRANSITO

MINISTERIO DEL TRANSPORTE
GOBERNADORES Y ALCALDES
ORGANISMOS DE TRANSITO
DEPARTAMENTAL
MUNICIPAL
DISTRITAL
POLICIA NACIONAL
 Policía de Transito Urbano y Policía de Carreteras
INSPECTORES DE POLICIA/ TRANSITO O CORREGIDORES
SUPERINTENDECIA GRAL DE PUERTOS Y TRANSPORTES
FF.MM.

REGISTRO DE INFORMACION

REGISTRO UNICO NACIONAL DE TRANSITO R. U. N. T.

 Mantendrá los registros de información a nivel Nacional
DE AUTOMOTORES
DE CONDUCTORES
EMPRESAS DE TRANSPORTE PUBLICO Y PRIVADO

LICENCIAS DE TRANSITO

INFRACCIONES DE TRANSITO

CENTROS DE ENSEÑANZA AUTOMOVILISTICA
DE SEGUROS
DE PERSONAS NATURALES Y JURIDICAS, PUBLICAS O PRIVADAS QUE
PRESTAN SERVICIOS AL SECTOR PUBLICO.
REMOLQUES Y SEMI REMOLQUES
DE ACCIDENTES DE TRANSITO

NORMAS SOBRE VEHICULOS

Art. 27 : <u>Condiciones de cambio de Servicio</u> : Todo vehículo que circulen en el territorio Nacional deben someterse a las normas de tránsito terrestre determinada en el Código Nacional de Tránsito. Cumplir los requisitos generales y las condiciones mecánicas y técnicas, que propendan a la : SEGURIDAD - HIGIENE Y COMODIDAD.

Art. 28: Condiciones Técnico-mecánica, de Gases y de operación: Para que un vehículo pueda transitar, debe garantizar como mínimo el perfecto funcionamiento de :
FRENOS - DIRECCION - SUSPENSION
SEÑALES VISUALES Y AUDIBLES ESCAPE DE GASES
LLANTAS
VIDRIOS DE SEGURIDAD - ESPEJOS

Parágrafo: Los vehículos de servicio Público, oficial, escolar y turístico, de manera obligatoria deberán llevar un aviso visible que señale un número telefónico donde se pueda informar cómo se conduce o usa el vehículo

Art. 30 Equipos de prevención y Seguridad
GATO CON CAPACIDAD PARA EL VEHICULO
CRUCETA
DOS SEÑALES DE CARRETERA
Forma de triángulo - reflectivos con soporte o Lámparas de señales intermitentes de luz amarilla o de destello.

BOTIQUIN DE PRIMEROS AUXILIOS
EXTINTOR
DOS TACOS PARA BLOQUEAR EL VEHICULO
CAJA DE HERRAMIENTAS :
ALICATE - DESTORNILLADORES -LLAVE DE ESPANCION Y LLAVES FIJAS
LLANTA DE REPUESTO
LINTERNA

LICENCIA DE TRANSITO

Art. 34 Porte: No podrá circular un vehículo automotor sin portar la licencia de Tránsito.

SEGUROS Y RESPONSABILIDAD

Art. 42 Seguros Obligatorios: Todos los vehículos deben   estar amparados por un seguro obligatorio vigente. SOAT

PLACAS

Art. 44 Clasificación: Las placas se clasifican en razón del servicio del vehículo, así;
SERVICIO OFICIAL - PUBLICO
PARTICULAR - DIPLOMATICO
CONSULAR - MISIONES ESPECIALES
Art. 45 Ubicación: Llevarán dos placas iguales, una en el extremo delantero y otra en el trasero. No se podrán llevar en el lugar destinado a las placas, distintivos, similares a esta o que la imiten, placas extranjeras.

REVISION TECNICO - MECANICA

Art. 50. Condiciones mecánicas y de seguridad: El propietario o tenedor del vehículo tendrá la obligación de mantenerlo en óptimas condiciones mecánicas y de seguridad.
Art. 51 Revisión de vehículos: Los vehículos de servicio público, escolar y de turismo, deben someterse anualmente a revisión y los de servicio diferente al público cada dos años.

- o En la revisión se debe verificar:
- o Estado de la carrocería
- o Niveles de emisión de gases y elementos contaminantes acorde a la legislación sobre la materia .
- o Sistema mecánico
- o Sistema eléctrico y del conjunto óptico.
- o Sistema de combustión interno.
- o Elementos de seguridad
- o Sistema de frenos. (De aire: que no emita señales acústicas por encima de los niveles permitidos.)
- o Llantas
- o Dispositivos de cobro para vehículos servicio público
- o Funcionamiento de las puertas de emergencia

- o Quien no porte el certificado - no realice la revisión técnica o cuando la tenga y el vehículo no se encuentre en condiciones adecuadas de mañanita o emisión de gases , se sancionará con 15 S.M.D.V.

NORMAS DE COMPORTAMIENTO

Art. 55 Comportamiento del Conductor, pasajero o peatón : Toda persona que tome parte en el tránsito, debe comportarse en forma que no obstaculice, perjudique y ponga en riesgo a los demás y debe conocer y cumplir las normas y señales de tránsito que le sean aplicables, así como obedecer las indicaciones que le dan las autoridades de tránsito.

CONDUCCION DE VEHICULOS

- o transitar por los carriles demarcados
- o prohibido transitar por las zonas de seguridad
- o antes de adelantar o cruzar una calzada o cambio de carril, debe anunciar la intensión por medio de las luces direccionales y señales ópticas o audibles
- o respetar las formaciones (militares - desfiles, procesiones, manifestaciones públicas, etc.)
- o respetar el derecho de los peatones.
- o ceder el paso a los vehículos de emergencia
- o orillarse a la calzada derecha y detenerse.
- o de tres carriles, despejar el del centro.

- o detener el vehículo en vía publica: utilizar señales luminosas, orillarse a la derecha
- o giros en cruce de intersecciones: - por una vía sin prelación, detener completamente el vehículo. - donde no haya semáforo, cruzara con precaución y cuando le corresponda.
- o no se debe frenar intempestivamente y disminuir la velocidad sin cerciorarse que la maniobra no ofrezca peligro.
- o utilización de las señales direccionales.
- o en carretera 60 mts - zonas urbanas 30 mts
- o en otros casos se puede efectuar señales manuales.
- o utilización de carriles:
- o ver graficas

VIAS DE SENTIDO UNICO

PROHIBICIONES Y RECOMENDACIONES
- o no retroceder en vía publica
- o detener o parquear el vehículo en zona de peatones
- o inicio de la marcha: utilizar la señal direccional, dar prelación y tener precaución.
- o solo se podrá remolcar otro vehículo por medio de la grúa o de un vehículo por otro para despejar la vía.
- o en vías rurales se puede remolcar a otro vehículo, tomando las siguientes medidas:
- o por cables, la distancia es de 3 a 4 mts

- o vehículos con más de 5 ton. remolcados mediante una barra o dispositivo especial
- o portar una señal de alerta o luces intermitentes

PRELACION EN INTERSECIONES

demarcaciones
prohibiciones para adelantar otro vehículo
en intersecciones
donde exista línea separadora continua.
visibilidad desfavorable
proximidad paso de peatones
intersección vías férreas
por la berma o derecha de otro vehículo.
en general cuando ofrezca peligro
reducción de velocidad
la velocidad se disminuye a 30 kph
concentración de personas
zonas residenciales
zonas escolares
reducción condiciones visibles
cuando las señales de tránsito lo orden.
proximidad a una intersección
estacionamiento de vehículos
en vías urbanas donde esté permitido.
hacerlo sobre el costado autorizad.
lo más cercano al andén, lo más cercano al límite lateral de la calzada
no menos de 30 cmts del anden
5 mts distancia mínima de una intersección
lugares prohibidos para estacionar
sobre andenes, zonas verdes
sobre espacio público destinados para peatones, recreación.
en vías arterias, autopistas, zonas de seguridad o dentro de un cruce.

en puentes, viaductos, túneles, pasos bajos, estructuras elevadas, o en cualquier acceso a estas.

en carriles dedicados al transporte masivo sin autorización .

zonas para estacionamiento, paradas, limitados físicos.

a distancias mayores a 30 ctm. de la acera.
frente a hidrantes
entradas de garajes o parquead.
en curvas
donde interfiera con salida de vehículos estacionados.
donde las autoridades de transito lo prohíban.
en zonas de seguridad, protección de vías férreas
normas para estacionar

<u>en autopistas y zonas rurales</u>
únicamente por fuera de la vía
<u>en el día:</u>
colocar señales reflectabas de peligro.
<u>en la noche:</u>
luces de estacionamiento.
señales luminosas de peligro.

quien omita lo anterior será sancionado con 30 s.m.l..
estacionamiento en vía pública.

no se pueden reparar vehículos en vías públicas si no en caso de extrema necesidad.

colocar las señales de peligro.
estacionarse a la derecha de la vía.
cuando salga del vehículo tomar medidas para que evitar que se mueva.
otras normas
los vehículos deben transitar con las puertas cerradas.
es obligatorio el uso del cinturón de seguridad.
en el asiento delantero solo puede viajar, además del conductor, 1 o 2 personas, de acuerdo a la característica del vehículo.
los menores de 10 años no podrán viajar en el asiento delantero.
vehículos de fabricación 2.004, se exigirá el cinturón de seguridad en los asientos traseros.

no se pueden llevar pasajeros que superen la capacidad señalada.
prohibido llevar pasajeros en la parte externa del vehículo, o fuera de la cabina, salvo aquellos que por su naturaleza así lo requieran.
prohibido llevar pasajeros en los estribos.
se detendrá la marcha para facilitar el paso del vehículo de transporte escolar o para permitir el ascenso o descenso de estudiantes.
el aprovisamiento de combustible debe hacerse con el motor apagado.

las luces exteriores se encienden a partir de las 18:00 horas hasta las 06:00.

cuando las condiciones de visibilidad sean adversas.
perímetro urbano: luz media - exploradoras orientadas a la superficie de la vía.
fuera del perímetro urbano: luz plena, excepto cuando se aproxima otro vehículo o cuando la luz plena alcance a otro vehículo que transite adelante.
ningún vehículo podrá portar luces exploradores en la parte posterior.
trabajos eventuales en vía publica
al efectuar trabajos que alteren la circulación en v.p. el interesado obtendrá en forma previa la autorización correspondiente.
señalizara el sitio de labor mediante señales preventivas, reglamentarias e informativas, en las horas de la noche deben iluminarse.

todo trabajo en v.p. se pondrá en conocimiento del tránsito, informando lugar, duración, con antelación de 8 días.

una vez terminada la obra debe retirar todos los dispositivos de control.
se debe presentar un plan de señalización y desvió para su aprobación.
el material de trabajo y escombros será manejado por el responsable de la obra.

tomar medidas para que :
el material no se disemine.

LIMITE LA CIRCULACION.

El particular u organismo estatal que no cumpla con el debido manejo de escombros y desechos, será sancionado con multas equivalentes a 10 s.m.l. así como estará obligado a efectuar las reparaciones por daños infringidos a los bienes de uso público límites de velocidad.

Zona urbanas publicas Max. 60 kph
excepto cuando las autoridades indiquen velocidades distintas.
zonas rurales Max. 80 kph
en trayectos de autopista o vías arterias, se podrá autorizar hasta 100 kph, por medio de señales adecuadas.

separación entre vehículos
se hará de acuerdo a la velocidad
de 10 kph a 30 kph distancia 10 mts.
de 30 kph a 60 kph distancia 20 mts.
de 60 kph a 80 kph distancia 25 mts.
de 80 kph en adelante distan. 30 mts.

tener en cuenta :
estado del suelo - humedad - visibilidad - peso del vehículo - flujo clima - otros.

SEÑALES DE TRANSITO : PREVENTIVAS   PROHIBITIVAS - INFORMATICAS

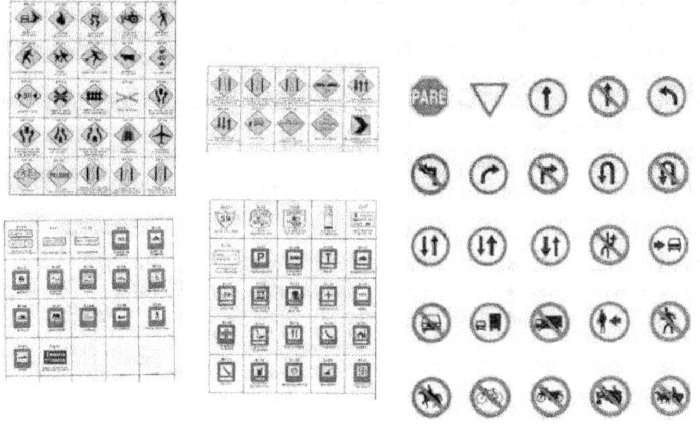

RELACIONES CON LOS DEMÁS

Introducción.- [illegible]

[illegible] munidad con los demás, datos de por menos 2000 años

La vida diaria de un ciudadano corriente demuestra este hecho: empieza la jornada desayunando en comunidad con la familia. Es este el primer círculo social al que pertenece. Allí se aprenden valores y se forman opiniones en el contacto con os padres y hermanos. Es el punto de partida de la evolución personal. El adulto termina su desayuno y se dirige al trabajo en donde entra de nuevo en relación con otras personas experimentando sentimientos de agradecimiento, compañerismo, enemistas, competencia. , en lo que haga en sociedad va repercutir en otros y viceversa.

Por la noche, el ciudadano medio suele reunirse con su amigo, ir a un partido de fútbol, asistir a una conferencia, etc. Todo lo anterior demuestra que el hombre es un ser social por naturaleza. De allí surge el concepto de relaciones humanas como las acciones y actitudes desarrolladas por los contactos entre personas y grupos.

Cada individuo es una personalidad altamente diferenciada que influye en el comportamiento y actitudes de aquellos con quien se mantiene en contacto y que igualmente es bastante influido por otros.

Es principalmente dentro de la empresa donde surgen las oportunidades de relaciones humanas, en razón del gran número de grupos y de las interacciones necesariamente resultantes.

PROCESOS DE INTERACCION

En la sociedad los seres humanos se hallan en mutua interdependencia y relación; entendida esta última como el lazo o vínculo que existe entre las personas y los grupos. El contacto recíproco. La comunicación y la interacción son tan esenciales para el individuo como para el grupo, de tal manera que sin ellas la persona difícilmente viviría y el grupo, de tal manera que sin ellas las personas difícilmente vivirían y el grupo dejaría de funcionar.

Las relaciones no se limitan solamente a los vínculos familiares o a las de parentesco, sino que influyen también las relaciones dentro de las empresas, escuelas, iglesias, partidos políticos, equipos deportivos, etc.

Ahora bien las relaciones funcionan de varias formas. Es decir influyen varias maneras de comportarse. Algunas de estas son positivas y otras negativas.

ACTITUD: Es una manifestación externa de la disposición o estado de ánimo.
Las positivas: Son aquellas que demuestran justicia, armonía y amistad.
Las negativas: Son aquellas que demuestran injusticia, enemistad y discordia.

Formas positivas de interacción

Cooperación: Es una forma de relación social en la que más de 20 personas actúan conjuntamente para lograr los objetivos propuestos. Es decir, cada integrante del grupo desempeña sus funciones de la mejor forma posible para que la imagen y prestigio del grupo, o compañía se vean beneficiados.
Ejemplo: En cada turno que efectúo, procuro prestar el servicio de vigilancia y seguridad de la mejor manera posible, para dejar en alto mi imagen y la imagen de la compañía.

Llego puntual a recibirle el puesto al compañero consciente de que él también necesita descansar.
La cooperación necesita
- o Lealtad al grupo
- o Responsabilidad en el cumplimiento de las funciones
- o Comunicación permanente entre los miembros

Ventajas de la cooperación
- o Facilita el logro de los objetivos
- o Permite que haya armonía en el grupo
- o Incrementa la motivación para trabajar
- o El trabajo resulta menos agotador y rutinario, al trabajar con sentido

Acomodación: Es un proceso de adaptación que permite a las personas continuar sus actividades aun sin estar en completo acuerdo de opiniones.

Ejemplo: Algunos de los compañeros que tengo en el puesto no son de mi total agrado por su forma de ser. Sin embargo. Me acomodo a la situación para impedir o reducir los conflictos.

La acomodación es un medio de vivir en paz. De coexistir, que promueve en ocasiones la cooperación, entre los miembros. En otras palabras, modifico mis pautas de comportamiento con el fin de acomodarme a las de mis compañeros.

Ventajas de la acomodación:
- o Favorece la Cooperación
- o Eleva la calidad de vida laboral
- o Disminuye los conflictos

Asimilación: Es un proceso por el que dos o más personas o grupos aceptan y realizan las pautas de comportamiento del círculo social al que ingresan.

Aun cuando está planteado de esta forma se debe pensar que es un fenómeno unilateral. Al contrario, es una relación de interacción en la que ambas partes actúan recíprocamente; la persona que llega a la cultura y el grupo o persona que la recibe y la acepta.

Ejemplo: La persona que ingresa a una empresa de seguridad con el propósito de prestar un servicio, debe empezar por asimilar la cultura de la compañía, lo cual incluye aprender la política interna, las consignas generales y específicas, el funcionamiento, etc.

A su vez los empleados antiguos están en él deber de aceptar al nuevo vigilante y en lo posible colaborarle para que este proceso se lleve a cabo de la mejor manera posible, logrando que la persona logre rápidamente se sienta identificada y se contagie de la cultura de su empresa. En otras palabras, es darle una cordial bienvenida y motivarle hacia su trabajo en la compañía. Esto se aplica no solo a la persona que ingresa a una empresa de seguridad; incluye además al vigilante que llega por primera vez a un puesto.

La asimilación necesita:
- o Actitud abierta y sanan de las partes
- o Aceptación voluntaria de participar en el proceso
- o Madurez y rectitud de ambas partes
- o Lealtad hacia las políticas de la Compañía

Ventajas de la asimilación
- o Facilita la adaptación hacia el cargo y hacia la compañía
- o Promueve los sentimientos de integración y cooperación
- o Evita el estrés y los conflictos (Calidad de Vida)

Si estos procesos se logran, con el correr del tiempo, la cultura de la Compañía se hace cada vez más sólida y los empleados con su excelente servicio marcan una pauta de diferencia con relación a las empresas donde no se han llevado a cabo.

Formas negativas de interacción

Conflicto: Es la forma de interacción por la que dos o más personas tratan de excluirse mutuamente, bien sea aniquilado una parte a la tras o bien reduciéndola a la reacción.

El conflicto se considera como medio para un fin. Es una relación humana recíproca en la que participan dos partes y en cuyos inicios se dan diversas formas de conducta inconformista. Estas se manifiestan con palabras, ademanes o acciones como injurias, aversiones, rivalidad, desprecio, ataques personales y físicos. El conflicto frecuentemente brota de la competencia y la oposición.

Ejemplo: Un grupo de personas que con sus actitudes e ideas buscan poner a los demás compañeros en contra de la compañía; en el fondo buscan protagonismo, suplir intereses individuales y desestabilizar el sistema laboral.

Obstrucción: Es un proceso social en el que cada una de las personas o grupos contrarios tratan de impedir que la otra logre sus objetivos, sea que ella misma desee obtenerlo o no.

A veces se la considera como una forma cortés y elegante del conflicto, dado que implica hostilidad y antagonismo, pero sin atacar directamente y de frente al contrario.

Ejemplo: Esta se presenta bajo muchas formas y se manifiesta en las tácticas consistentes en postergar, denunciar, obstaculizar y frustrar a los otros, en hacer campañas de falsos rumores y difamaciones.

RELACIONES INTERPERSONALES DEL ESCOLTA

- o La función del ESCOLTA es tratar con gente durante todo el turno de trabajo. Por una portería ingresa todo tipo de personal y es al vigilante a quien corresponde atenderlos, guiarlos o resolver sus inquietudes.
- o Todo vigilante debe poseer la formación en relaciones humanas pues son la base de su buen desempeño. Partimos de que todos tenemos ciertas aptitudes y cualidades que nos permiten trabajar con público.
- o Saber hasta dónde van nuestras capacidades y cuáles son nuestras debilidades es el mejor consejo para quien se vaya a enfrentar con un cargo de esta naturaleza.

RELACIONES CON LOS EMPLEADOS

La regla de oro para el trato con el usuario es saber establecer límites. Ni tanta relación que conduzca a la intimidad, o complicidad, ni tan lejano que lleve al desconocimiento o a enfrentamientos o roces perjudiciales.

RELACIONES CON EL USUARIO

Las relaciones con el usuario son fundamentales cuando se trabaja en Escolta. Al usuario hay que entenderlo, comprenderlo, apoyarlo, atender sus observaciones y siempre darle la razón. Además hay que ganarse su confianza sin ser abusador.

RELACIONES CON LAS AUTORIDADES

El Escolta es y no es autoridad. De puertas para adentro su labor se apoya en las normas de orden y control dictados por la empresa y su deber es hacerlas cumplir; pero de puertas para afuera es un ciudadano común y corriente.

El Escolta es por lo general un testigo de primer orden y en este sentido debe colaborar ampliamente con las autoridades.

Cuando el puesto está en plena calle deberá buscar el apoyo y el entendimiento con las autoridades policiacas. Además debe acceder a cualquier solicitud que la autoridad le haga, informando a su jefe inmediato. Esto ayuda mucho en las relaciones vigilancia privada . autoridad.

RELACIONES CON EL SUPERVISOR

El supervisor, además de ser el superior inmediato, debe ser mirado como el orientador, la persona que en determinado momento nos puede escuchar y ayudar a solucionar los problemas no solo de tipo laboral, también personal o familiar.

RELACIONES LABORALES

Las relaciones entre la compañía empleará y el Escolta deben caracterizarse por la claridad en las normas, deberes y derechos y en la mutua confianza basada en el respeto y el cumplimiento de lo pactado. Si esto no se da, es posible que en poco tiempo se presenten roces y enfrentamientos que perjudicarán a los vigilantes y más a la compañía.

LA COMUNICACIÓN

EMISOR   MEDIO   RECEPTOR

CONFIRMACION DE LA INFORMACION
REQUISITOS PARA UNA BUENA INFORMACION
ATENDER ACTIVAMENTE
PRESENTACION CLARA Y OPORTUNA DEL MENSAJE
ASUMIR ACTITUD POSITIVA
SER CONCISOS EN EL MENSAJE
SER VERAZ EN LA INFORMACION
ASUMIR ACTITUD DE DIALOGO
SUPERHOMBRE
RELACIONES DEL HOMBRE
HOMBRE

MUNDO FISICO
NECESIDADES DEL HOMBRE
REALIZACION PERSONAL
AUTOESTIMA
IDENTIDAD
RELACIONES SOCIALES
PROTECCION DEL AMBIENTE
FISIOLOGICAS

EN NINGUNA CIRCUNSTANCIA ES MAS SANO,

Este mensaje tiene relación directa, con el auto concepto y la autoestima.

El auto concepto _ . _ _ _ .
sentimientos positivos se generan en el ambiente de trabajo, donde se tienen en cuenta las diferentes individualidades, se toleran los errores después de reconocerlos, y donde la COMUNICACIÓN, sea abierta como número uno de las relaciones humanas.

CARAVANAS

GENERALIDADES Y SISTEMAS DE COORDINACION

ORGANIZACIÓN DE UN EQUIPO DE ESCOLTA

LA ORGANIZACIÓN

En la distribución adecuada del personal y los medios, para alcanzar un objetivo o la misión encomendada.

Para proteger a una persona se requiere un equipo de seguridad.

Para una persona con nivel de riesgo normal el número necesario es:

Un (1) escolta

Un (1) conductor debidamente entrenado

Cuando el nivel de riesgo aumenta, un equipo mucho más completo y numeroso será necesario. Ejemplo:

Un Jefe de Seguridad personal (1)

Un equipo de Escoltas (3)

Un equipo de cubrimiento (2)

Un equipo de Inteligencia (2)

Dos conductores (2)

También se necesitara personal de seguridad física para cubrir la residencia y el sitio de trabajo de la persona protegida.

Organización de Grupos

Grupo de Seguridad o protección

Debe tener como mínimo cuatro (4) integrantes que permanecen con el personaje para suministrarle protección durante sus movimientos. Uno será el conductor, otro será el jefe del grupo de escoltas y el jefe de seguridad próximo al personaje y sus acompañantes del vehículo escolta que forman círculos de seguridad alrededor del dignatario.

GRUPO DE INTELIGENCIA

Durante los períodos en que no hay movimiento, el grupo de seguridad debe compartir la responsabilidad adicional de conseguir y analizar datos de información para hacer inteligencia preparar futuros planes y movimientos para comunicárselos al jefe o Departamento de Seguridad de la Empresa, sobre lugares   que visitarán, rutas, personal que debe ubicarse en lugares claves, mantener enlaces con los organismos enterado al grupo de seguridad.

Preparar planes de contingencia ante cualquier emergencia, verificar la efectividad del sistema de seguridad adoptado y verificar si se está cumpliendo de acuerdo al objetivo.

DOTACION DE LOS MEDIOS

- Vehículos de transporte de personal blindado

Armas (revólveres, pistolas, ametralladoras)

Uniformes distintivos

Sistemas de alarmas móviles

Equipo contra incendio

Sistemas de iluminación

Binoculares

Chalecos antibalas

Cámara fotográfica

Planos de la ciudad y de las vías

Libretas de notas. Números de teléfonos de emergencia

Permisos de porte de las armas

Documentos de los vehículos al día

Código de claves

Dinero para gastos extras

PROCEDIEMIENTO EN VEHICULOS

CARAVANAS

OBJETIVO

Como la actividad de protección de personas se desarrolla en la calle, es imprescindible tratar el tema de los vehículos.

El vehículo de la persona protegida debe contar con algunas características como:
No ser notado
Que no llame la atención
Cómodo
Potente
Dotado con sistema de radio comunicación, y equipo especial de aire acondicionado.
Los personajes de alto riesgo deben tener vehículo blindado para aumentar su protección y este debe ir acompañado por otro u otros vehículos
Los vehículos deben tener asignados unos excelentes conductores especializados en conducción defensiva y que conozca la operación de los equipos con que está dotado el vehículo.

La función del equipo de escolta no se reduce a los desplazamientos solamente, sino que tiene que ver con la verificación de cualquier inicio de amenaza en el vecindario de la residencia o de la oficina de la persona protegida.

Los escoltas deben mantener en los desplazamientos una barrera permanente entre el vehículo de la persona protegida y el vehículo que trate de aproximarse o sobre pasarlo, por lo tanto deben poner en práctica algunas medidas defensivas en la ruta.

Para efectos académicos y de comprensión llamaremos al vehículo de la persona
los que
puedan constituirse en amenaza.

MEDIDAS DEFENSIVAS

incrementar la protección de manera considerable; sin embargo el vehículo blindado no es una caja fuerte e indestructible, ya que ante una carga explosiva o ante el impacto de un lanza cohetes, todo se puede romper.

El blindaje de los vidrios no es 100% efectiva, ya que ante el disparo de un fusil nada se puede hacer. Con la ráfaga de una ametralladora sobre un mismo punto, al noveno disparo aparece el foramen. Por lo tanto el vehículo blindado debe ir acompañado por otro u otros vehículos.

Los conductores deben ser bien entrenados y estar capacitados para operar los equipos que han sido instalados en los vehículos o que está dotado el vehículo.

escoltas E1, E2 Y E3, siendo el E1 el eje de escolta.

Para el equipo de escoltas todo vehículo que transite delante, detrás o a los costados

debe mantener un estado de alerta permanente, no solo en las calles y avenidas, sino los que se hallen en los parqueaderos y aquellos que despierten sospechas cuando estén relacionados más cerca de la residencia o a los alrededores de la oficina o sitio de trabajo.

ACCION ANTE SEGUIMIENTOS

Cuando se ha comprobado que existe un seguimiento o que se encuentran siendo

enaza y

PROTECCION DE LOS CARRILES

Cuando el vehículo del personaje va a entrar o a salir del tráfico vehicular el vehículo escolta actuará bloqueando el tránsito de los otros vehículos, para permitir esa maniobra sin contra tiempos.
Al estacionar debe tener la precaución de dejar un espacio suficiente para cualquier maniobra posterior y utilizar convenientemente las luces direccionales.
Al efectuar un viraje o cambio de dirección el vehículo escolta cubrirá siempre la parte posterior extrema del vehículo del personaje.

ACCION FRENTE AL SEMAFORO O SEÑAL DE PARE

Al llegar a un semá______

______

o salir del ______

EL DESEMBARQUE DE LOS ESCOLTAS

Al llegar la persona a su destino o durante cualquier parada, los escoltas se bajan y forman un círculo alrededor antes de que este descienda del vehículo sin llamar la atención de los ocasionales transeúntes.

REVISION DEL VEHICULO

Funcionamiento del motor, Caja, Frenos, Luces, Limpia brisas, llantas, Batería, direccionales, niveles de aceite, agua, líquido de frenos, deben Ser revisados diariamente por el conductor, antes de iniciar la jornada de trabajo.

Además se debe revisar con mayor detenimiento el vehículo, el garaje y los alrededores en búsqueda de indicios o señales sospechosas de un ataque terrorista.
Pisos del garaje, cajas y herramientas
Tapa del tanque de gasolina
Tapa del motor y baúl portamaletas
Motor, conexiones extrañas
Piso del vehículo
Asientos delanteros y traseros
Alambres, cables, residuos, cinta adhesiva, papeles de envoltura
Switch de encendido

EQUIPO DEL VEHICULO ESCOLTA

Armas salvoconductos -- municiones
Mapa de rutas
Libreta de notas, lapiceros
Directorio de teléfonos de emergencia: 3R 3 Policía; Das
Reloj
Radioteléfono, códigos y claves
Distintivos, papeles personales
Dinero para gastos imprevistos- monedas para llamar
Botiquín de primeros auxilios
Extintor
Herramientas

ESTUDIO DE RUTAS

GENERALIDADES

El hombre desde las más remotas épocas hasta nuestros días, ha vivido siempre en una constante prevención. Así, por ejemplo, por una inclinación natural el hombre prehistórico, se previene contra los animales, salvajes, contra los ataques de otros hombres, contra las enfermedades.
Sucesivamente el hombre ha marcado el compás de la civilización y el adelanto tecnológico.

Esto ha creado, nuevos riesgos y lo han obligado a asumir actitudes de prevención permanente frente a la expectativa de nuevas amenazas.

Las máquinas que ha puesto a su servicio, para la producción y la riqueza, han traído riesgos incalculables que el hombre debe prevenir.

En la Industria Moderna una de las grandes ramas de la Prevención es la VIGILANCIA.
Se puede decir que la vigilancia es el OJO de la industria. Por este ojo se transmiten todos los aspectos de inseguridad, riesgos y fallas que hacen que una industria mantenga sus niveles de calidad, o que descuidadamente vaya a la ruina, afectando en todo a la riqueza nacional.

MEDIDAS PREVENTIVAS Y DEFENSIVAS

La vigilancia secreta, es la que hacen las personas especializadas en forma de seguridad, dirigidas a la observación de personas, lugares u objetos varios.

SUJETO
Es la persona, lugar o domicilio que se encuentra bajo vigilancia.

CLASES DE VIGILANCIA SECRETA
Vigilancia móvil (a pie o en vehículo)
Vigilancia estacionaria o Fija (desde uno de los puntos fijos)
Vigilancia combinada

CONTRA VIGILANCIA

Operativos para detectar o desanimar los refuerzos de inteligencia enemigos. Ejemplo: para verificar si lo están siguiendo.

Pasar los semáforos en amarillo o rojo, para ver si el otro vehículo o hacen lo mismo.

Andan un tramo en contravía, entrar en calles sin salida, para verificar si el otro hace lo mismo.

Andar muy despacio a velocidad excesiva.

Detenerse en una calle repentinamente

Virar repentinamente en la misma calle y para ver si hace lo mismo.

Andar despacio y repentinamente acelerar para observar si el otro hace lo mismo.

Utilice el espejo retrovisor para controlar los movimientos del vehículo o vehículos que vienen atrás.

Una vez que la información se recopiles e organice, se procese, es decir, se analice, se compare, se evalúe, se convierta en INTELIGENCIA

Los escoltas no pueden actuar con seguridad sino tienen información sobre los posibles riesgos, amenazas y peligros de la persona(s) que tienen que proteger. No se puede actuar a ciegas, por eso es importante hacer inteligencia, es decir, buscar la información que necesitamos para no correr riesgos, ni poner en peligro al personaje.

RUTAS DE DESPLAZAMIENTO

El tiempo requerido en el desplazamiento.

Registrar las direcciones detalladamente, empezando desde el punto de origen hasta el sitio de destino o llegada, con sus respectivos nombres de calles y carreras.

Número de cruces que tiene que atravesar

Carros parqueados o abandonados

Recolectores de basura ubicados en la ruta recipientes donde puedan ocultar explosivos

Volumen del tráfico

Posibilidad de ser herido por un tirador que se encuentre oculto.

Parques o bosques, arboledas en la ruta.

Ubicación de santuarios o sitios donde se pueda conducir la persona protegida en busca de refugio en caso de peligro, ejemplo: estaciones o puestos de policía, cuarteles militares, cuerpo de bomberos, centros comerciales, parqueaderos protegidos.

Cuando la amenaza puede estar en cualquier lugar, los escoltas deben acostumbrarse a observar en todas direcciones, sin olvidar las partes elevadas a nivel, bajo nivel, en busca del más mínimo detalle.

Ubicación de teléfonos públicos en caso necesario

Ubicación de teléfonos públicos en caso necesario

Ubicación de clínica, hospitales en caso de que la persona sea herida, reciban atención médicas e debe siempre marcar en los planos de ruta.

Sitios estratégicos en la ruta; por su importancia, volumen de tráfico, número de transeúntes, alta `peligrosidad o vulnerabilidad o donde puedan realizar un atentado.

Establecer con antelación una ruta alterna que lo lleve al mismo destino o rutas de escape en ca......   está en saber huir de un ataque y no

–

Ubicar casas, lotes desocupados o abandonados.

Llevar consigo un mapa o plano de la ciudad o sitio por donde se piense desplazar el personaje.

Diseñar y perfeccionar las rutas frecuentemente, cada vez que tenga que utilizarlas.

Recoger toda la información posible sobre el sitio que van a visitar, levantar mapas del lugar.

Analice cada una de las rutas y ubique claramente sobre ellas todos los puntos clave que usted pueda utilizar en caso de amenaza y también los puntos peligrosos que debe evitar.

No utilice siempre las rutas más cortas o más directas, de vez en cuando hay que alargar el recorrido para romper el patrón de la hora de llegada.

Evite las calles solitarias, vías estrechas, curvas muy cerradas y difíciles, pendientes empinadas, puentes estrechos, cruces muy demorados, sectores en construcciones, desvíos u obstáculos.

Asígnele un código o una clave a cada ruta para cuando tenga que mencionar por radio.

Tenga en cuenta que las avenidas rápidas con bastante tránsito, por lo general son las más seguras.

Toda ruta después de las 9:00 PM se torna peligrosa. De ser posible hágase acompañar de otro vehículo.

A pesar de las dificultades de tránsito, trate de conducir lo más rápido posible.

Si se encuentra un obstáculo en la vía, trate de eludirlo por la berma, por el andén, nunca vaya a cometer la torpeza de detenerse.

Manténgase ALERTA.

ANÁLISIS DE RIESGO DE RUTAS

RUTA No		D DE P.I.	
NOMBRE RUTA		HASTA P.F.	

CARACTERISTICAS	NO	A VECES	SI	POR QUE ?
	2	3	5	
UTILIZA SIEMPRE LA MISMA RUTA				
LA SALIDA DEL P.I. TIENE UNA SOLA VIA				
EL TRAFICO ES DE GRAN VOLUMEN				

EL TRAFICO ES CONGESTIONADO				
DURANTE EL DESPLAZAMIENTO EN LA RUTA SE TIENE CERCA HOSPITALES				
DURANTE EL DESPLAZAMIENTO EN LA RUTA SE TIENE CERCA AUTORIDADES				
LA VIA ES ANGOSTA QUE NO PERMITE MANIOBRAS DEFENSIVAS				
DURANTE ELLA VIA PRESENTA OSCURIDAD				
LA VIA ES SOLA				
CARECE DE OTRAS RUTAS ALTERNAS				
EL VEHÍCULO ES BLINDADO				
EL VEHÍCULO ES LLAMATIVO				
EL CONDUCTOR TIENE DESTREZA PARA EL MANEJO DEFENSIVO				
LA COMUNICACIÓN SE PIERDE EN LA TRAYECTORIA				
NO EXISTEN BOCA CALLES O				
SOBRE LA RUTA HAY PENDIENTES EMPINADAS				
SOBRE LA RUTAS HAY SECTORES DESOLADOS				
SOBRE LA RUTA HAY SITIOS DONDE SE UBIQUEN FRANCO TIRADORES				
NO SE EFECTUA RECONOCIMIENTOS ESPORÁDICOS				
HAY CASAS O EDIFICIOS DESOCUPADOS				
DESCONOCE LA UBICACIÓN DE TELEFONOS PUBLICOS				
EXISTEN RECOLECTORES DE BASURA O PUNTOS DONDE SE PUEDAN COLOCAR EXPLOSIVOS				
AL PERSONAL DE ESCOLTAS LE FALTA ENTRENAMIENTO				
CARECEN DE BUENOS SISTEMAS DE COMUNICACIÓN				
CARECEN DE BUENAS ARMAS DE REACCION				
EL PERSONAJE SE DESPLAZA SOLO				
SE HAN RECIBIDO AMENAZAS DE GRUPOS TERRORISTAS				
SE AHN EFECTUADO ACTOS TERRORISTAS CONTRA EL ESCOLTADO				
TOTAL DE PUNTOS				

CALIFICACION DEL RIESGO	PUNTAJE	
	DESDE	HASTA
BAJO	56	83
MEDIO	84	111
ALTO	1112	140

EJERCICIO PRÁCTICO:

Haga un análisis de una ruta, de acuerdo al plano entregado.
Sugiera 5 características no contempladas en este Cuadro de indicios

RUTAS DE DESPLAZAMIENTO

El tiempo requerido en el desplazamiento.
Registrar las direcciones detalladamente, empezando desde el punto de origen hasta el sitio de destino o llegada, con sus respectivos nombres de calles y carreras.
Número de cruces que tiene que atravesar
Carros parqueados o abandonados
Recolectores de basura ubicados en la ruta recipientes donde puedan ocultar explosivos
Volumen del tráfico

Posibilidad de ser herido por un tirador que se encuentre oculto.

Parques o bosques, arboledas en la ruta.

Ubicación de santuarios o sitios donde se pueda conducir la persona protegida en busca de refugio en caso de peligro, ejemplo: estaciones o puestos de policía, cuarteles militares, cuerpo de bomberos, centros comerciales, parqueaderos protegidos.

Cuando la amenaza puede estar en cualquier lugar, los escoltas deben acostumbrarse a observar en todas direcciones, sin olvidar las partes elevadas a nivel, bajo nivel, en busca del más mínimo detalle.

Ubicación de teléfonos públicos en caso necesario

Ubicación de teléfonos públicos en caso necesario

Ubicación de clínica, hospitales en caso de que la persona sea herida, reciban atención médicas e debe siempre marcar en los planos de ruta.

Sitios estratégicos en la ruta; por su importancia, volumen de tráfico, número de transeúntes, alta `peligrosidad o vulnerabilidad o donde puedan realizar un atentado.

Establecer con antelación una ruta alterna que lo lleve al mismo destino o rutas de
está en saber huir de un ataque y no

Ubicar casas, lotes desocupados o abandonados.

Llevar consigo un mapa o plano de la ciudad o sitio por donde se piense desplazar el personaje.

Diseñar y perfeccionar las rutas frecuentemente, cada vez que tenga que utilizarlas.

Recoger toda la información posible sobre el sitio que van a visitar, levantar mapas del lugar.

Analice cada una de las rutas y ubique claramente sobre ellas todos los puntos clave que usted pueda utilizar en caso de amenaza y también los puntos peligrosos que debe evitar.

No utilice siempre las rutas más cortas o más directas, de vez en cuando hay que alargar el recorrido para romper el patrón de la hora de llegada.

Evite las calles solitarias, vías estrechas, curvas muy cerradas y difíciles, pendientes empinadas, puentes estrechos, cruces muy demorados, sectores en construcciones, desvíos u obstáculos.

Asígnele un código o una clave a cada ruta para cuando tenga que mencionar por radio.

Tenga en cuenta que las avenidas rápidas con bastante tránsito, por lo general son las más seguras.

Toda ruta después de las 9:00 PM se torna peligrosa. De ser posible hágase acompañar de otro vehículo.

A pesar de las dificultades de tránsito, trate de conducir lo más rápido posible.

Si se encuentra un obstáculo en la vía, trate de eludirlo por la berma, por el andén, nunca vaya a cometer la torpeza de detenerse.

Manténgase ALERTA.

NOMBRE DE LA EMPRESA: ___________________________________

ANÁLISIS DE RIESGO DE RUTAS

RUTA No		D DE P.I.	
NOMBRE RUTA		HASTA P.F.	

CARACTERISTICAS	NO	A VECES	SI	POR QUE?
	2	3	5	
UTILIZA SIEMPRE LA MISMA RUTA				
LA SALIDA DEL P.I. TIENE UNA SOLA VIA				
EL TRAFICO ES DE GRAN VOLUMEN				
EL TRAFICO ES CONGESTIONADO				
DURANTE EL DESPLAZAMIENTO EN LA RUTA SE TIENE CERCA HOSPITALES				
DURANTE EL DESPLAZAMIENTO EN LA RUTA SE TIENE CERCA AUTORIDADES				
LA VIA ES ANGOSTA QUE NO PERMITE MANIOBRAS DEFENSIVAS				
DURANTE ELLA VIA PRESENTA OSCURIDAD				
LA VIA ES SOLA				
CARECE DE OTRAS RUTAS ALTERNAS				
EL VEHÍCULO ES BLINDADO				
EL VEHÍCULO ES LLAMATIVO				
EL CONDUCTOR TIENE DESTREZA PARA EL MANEJO DEFENSIVO				
LA COMUNICACIÓN SE PIERDE EN LA TRAYECTORIA				
NO EXISTEN BOCA CALLES O				
SOBRE LA RUTA HAY PENDIENTES EMPINADAS				
SOBRE LA RUTAS HAY SECTORES DESOLADOS				
SOBRE LA RUTA HAY SITIOS DONDE SE UBIQUEN FRANCO TIRADORES				

NO SE EFECTUA RECONOCIMIENTOS ESPORÁDICOS				
HAY CASAS O EDIFICIOS DESOCUPADOS				
DESCONOCE LA UBICACIÓN DE TELEFONOS PUBLICOS				
EXISTEN RECOLECTORES DE BASURA O PUNTOS DONDE SE PUEDAN COLOCAR EXPLOSIVOS				
AL PERSONAL DE ESCOLTAS LE FALTA ENTRENAMIENTO				
CARECEN DE BUENOS SISTEMAS DE COMUNICACIÓN				
CARECEN DE BUENAS ARMAS DE REACCION				
EL PERSONAJE SE DESPLAZA SOLO				
SE HAN RECIBIDO AMENAZAS DE GRUPOS TERRORISTAS				
SE AHN EFECTUADO ACTOS TERRORISTAS CONTRA EL ESCOLTADO				
TOTAL DE PUNTOS				

CALIFICACION DEL RIESGO	PUNTAJE	
	DESDE	HASTA
BAJO	56	83
MEDIO	84	111
ALTO	1112	140

EJERCICIO PRACTICO:

Haga un análisis de una ruta, de acuerdo al plano entregado.

Sugiera 5 características no contempladas en este Cuadro de indicios.

MODUS OPERANDI DELICUENCIAL

1.- PROCEDIMIENTO DELINCUENCIAL

Es el modo en que opera la delincuencia, otra definición es:
Son las técnicas y formas que la delincuencia emplea para realiza los ilícitos

2.- ORIGENES DEL DELITO

Hablar de las técnicas que la delincuencia emplea es un tema bastante amplio, por ello conoceremos el origen de los delitos, que va paralelo al origen de las amenazas, las ventajas y desventajas de los diferentes orígenes, siendo lo más importante la conciencia y procedimientos que debe tener el ESCOLTA.

(1) INTERNO: Es originado por el personal que labora dentro de una organización o vive dentro de un conjunto residencial o edificio. Veamos las ventajas, desventajas que presentan el ESCOLTA y el delincuente y procedimientos para prevenir, detectar o evitar este tipo de ilícito.

DELINCUENTE
El delincuente tiene más ventajas, no requiere de una vigilancia al sitio, lo conoce a la perfección y conoce el sistema de seguridad; brinda confianza y amistad; Tiene tiempo suficiente para planear, preparar y ejecutar el ilícito, lo puede hacer continuamente.
La única desventaja aparente es que puede ser sospechoso cuando se descubre el hecho, si es que esto llega hacerse.

ESCOLTA

Para el ESCOLTA la única ventaja es que conoce al personal y sus funciones, sabiendo quien es quien dentro de la empresa, pero tiene más desventajas, como son: Rutina en su puesto; confianza y amistad con los empleados; siendo estos dos aspectos los más negativos para cumplir con sus funciones, el auto-estima de sentirse en ocasiones menos que otras personas e influye en el carácter (Personalidad) del ESCOLTA.

PROCEDIMIENTOS

Para prevenir este tipo de amenaza se deben seguir los siguientes procedimientos:
Mantener una relación laboral de seguridad con los empleados.
No tener confianzas.
Observar al personal, si es mucho, hacerlo selectivamente en la entrada y salida.
Llevar los libros de control y minuta actualizados.

Mantener al Jefe de Seguridad de la empresa o en su efecto al encargado, de los indicios y sospechas de ilícitos, recomendándole procedimientos de control que se pueden efectuar.

En coordinación con el Jefe de Operación de la empresa de vigilancia, o Jefe de Seguridad usuario, adelantar pruebas de confianza al personal de empleados de la misma.

EXTERNO: Es cuando el delincuente viene de afuera, es originado por terceras personas.

DELINCUENTE

Puede obtener ciertas ventajas si se le permite, requiere de una vigilancia intensa para conocer las instalaciones, sistemas de seguridad y ganarse la confianza de los empleados y del ESCOLTA, normalmente siguen un patrón y tienen una guía para ejecutar los ilícitos, de la cual pueden o no seguirlo al pie de la letra.

GUIA DEL DELINCUENTE

SELECCIÓN DE VARIOS OBJETIVOS: De acuerdo al motivo que lo lleva a cometer el delito, seleccionan sus víctimas y objetivos. EJEMPLO: Motivo económico un asalto, atraco, robo o un secuestro en otros, si es de presión un atentado terrorista, un secuestro, amenazas etc. Analizan sus motivos y posibles víctimas y proceden hacer una Vigilancia.

VIGILANCIA: Los tipos de vigilancia que desarrollan los delincuentes son Fijos y móviles, empleando para ello tres tipos de técnicas, así: **FACHADA:** Es un disfraz que emplean asumiendo diferentes tipos de personajes, desde un reciclador hasta un gran ejecutivo de empresa, son las personas encargadas de conocer los dispositivo de seguridad y el rol de una empresa en su interior, la rutina y controles. **INFILTRACION:** Cuando alguien de la organización de delincuentes entra a laborar en el objetivo, personal temporal, reemplazos, contratistas o sub-contratistas. **PENETRACION:** Esta técnica requiere de un mayor trabajo y no siempre es segura para la organización de delincuentes, es hacer cambiar de mentalidad, principios morales y éticos a una persona que este laborando dentro del objetivo mediante engaños y artimañas, de no lograrse conocen las debilidades de esa persona e inician a presionar para que colabore y suministre información.

RECOLECCION DE LA INFORMACION Y ANALISIS: En forma simultánea con el punto dos, inician a recoger la información obtenida, montando una maqueta y/o organizando la información, determinando puntos vulnerables, procedimientos, accesos, personas que laboran y sus actividades personales, rutas de acceso, edificaciones, sitios de frecuencia, viviendas, autoridades, etc. y analizan la información.

TOMA DE DECISION: De acuerdo al análisis realizado a la información determinan que paso seguir o cambiar de objetivo, viene la toma de la decisión.

PLANEAMIENTO: Si la decisión tomada es continuar con la acción, viene el planeamiento, que comprende determinar qué es lo que van hacer, como lo van hacer, quienes van a participar, que medios van a utilizar, como lo van hacer, lugares de reunión, escondites, sitios alternos, claves, rutas de escape, hora y fecha de la acción.

EJECUCION: Antes de entrar en acción realizan entrenamientos en sitios similares al objetivo real, visitan el objetivo para familiarizarse con el entorno y conocer al detalle el sitio, empleando su mejor arma la SORPRESA.

La anterior guía puede tener variaciones, omitir algún punto, agregar puntos o modificar su orden.

ESCOLTA

Las ventajas del ESCOLTA es que conoce el sitio de trabajo, puede detectar mediante la contra/ vigilancia al delincuente.

PROCEDIMIENTOS
Para detectar este tipo de delito se requiere por parte del ESCOLTA seguir los siguientes procedimientos:

Observar en todo momento su entorno y el interior, personas y actividades, vehículos, ventas ambulantes, retener esta información.
Cualquier indicio, comunicarlo al superior, si es necesario tomar contacto con las autoridades.

No dejarse abordar de personas extrañas y empleados, para no dejarse sorprender y no perder la visibilidad.
Tener un plan de acción a seguir, un campo de tiro y la protección adecuada.

COMBINADO : Es cuando se presentan alianzas entre el externo e interno, siendo cualquiera de los dos el iniciador, COMBINADO INTERNO: Cuando el delincuente trabaja dentro de una organización y recurre a un terceros que viene de afuera para que cometan el ilícito, suministrándoles la información y preparándoles el terreno. COMBINADO EXTERNO: Cuando el delincuente de afuera, mediante vigilancia determina a un trabajador de la empresa y le propone la alianza.

TIPOLOGIA DEL TERRORISMO:

El Terrorismo se puede usar en varias situaciones y dirigida hacia diferentes objetivos:
REVOLUCIONARIO: El terror usado como instrumento para derrocar a un gobierno.
SUB-REVOLUCIONARIO: El terrorismo usado para ganar influencia dentro del gobierno.
REPRESIVO: El uso del terror en contra de sectores de la sociedad, grupos étnicos, o grupos religiosos (KU KLUX KLAN).

De esta Tipología se desprenden las siguientes características de terroristas : - CRIMINALES - DEFENSORES POLITICOS - TERRORISTA SICOPATAS - SEPARATISTAS - MARXISTAS REVOLUCIONARIOS - ANARQUISTAS - MERCENARIOS IDEOLOGICOS - TERRORISTAS CONTRA-TERRORISTAS - TERRORISTAS NEO-FASCISTAS - ULTRA DERECHISTAS - TERRORISTA DEL ESTABLECIMIENTO - FANATICOS RELIGIOSOS - NARCO TERRORISTAS.

ESTRUCTURA DE LAS ORGANIZACIONES TERRORISTAS (O.T.)

La mayoría de las O.T. están estructuradas para operar en células pequeñas, de difícil infiltración, lo que permite el compartimiento de sus actividades, por lo que poco se conoce de la Estructura - Seguridad y Comunicaciones, están organizadas por las siguientes secciones:
- SECCION DE INTELIGENCIA
- SECCION LOGISTICA O DE APOYO
- SECCION DE ASALTO

SITUACION INTERNA DEL TERRORISMO EN COLOMBIA

GENERADORES DE VIOLENCIA EN COLOMBIA

SUBVERSION
PARAMILITARES
NARCOTRAFICO
DELINCUENCIA ORGANIZADA

GRUPOS TERRORISTAS

FARC	E.L.N.	A.U.C.
106 ESCTRUCTURAS SUBVERSIV.	48 ESCTRUCTURAS SUBVERSIVAS	8 BLOQUES DE GUERRA
17.000 HOMBRES	2.000 HOMBRES	12.HOMBRES
APARATO FINANCIERO FUERTE	APARATO FINANCIERO DEBIL	APARATO FINANCIERO FUERTE

FACTORES GENERADORES DE LA VIOLENCIA

IMPUNIDAD - POBREZA - CORRUPCION - DESEMPLEO -
APATIA SOCIAL - FALTA DE EDUCACION MORAL -

CLASIFICACION DE ACTOS TERRORISTAS

EMPLEO DE ATENTADOS CON A.E.I.: (Bombardeo) Es la acción que realizan los criminales como son: Amenaza de Bomba - Activación de bombas y cualquiera de los siguientes actos.
SABOTAJE: Se denomina Sabotaje al daño que se pueda ocasionarse en forma premeditada a una empresa, destruyendo o dañando, maquina, vehículo, materia prima, documentación.
SECUESTRO: Privar de la libertad a un individuo, retener u ocultar a una persona con el propósito de exigir por su libertad un provecho o cualquier utilidad o, con otros fines cualquiera que estos sean.
EXTORSION: El que constriña (obligar) a otro a hacer, tolerar u omitir alguna cosa, con el propósito de obtener provecho ilícito para sí o para otros.
ASESINATOS: El que mata a otro (Homicidio), y que su finalidad sea el de atemorizar una porción de la población civil o autoridades, se enmarca dentro del terrorismo.
ASALTOS ARMADOS : Técnica empleada por delincuentes o terrorista, dirigido a instalación u objetivos puntuales, con violencia sobre las personas o las cosas, colocando a las víctimas en inferior de condiciones, mediante penetración o permanencia arbitraria, engañosa o clandestina y cuyo objetivo sea el buscar un provecho ilícito para sí o para otros.
EMBOSCADAS: Técnica empleada por terroristas, mediante sorpresa o engaño, empleando armas pretenden impedir transitoriamente el libre funcionamiento del Régimen Constitucional. (Sedición) (Especialmente dirigido a miembros de la Fuerza Pública).
AMENAZA: Suscitar pánico o miedo, por medio de escritos, llamadas telefónicos u otros medios.

ESTRUCTURA DE LAS ORGANIZACIONES TERRORISTAS (O.T.)

Desde una perspectiva general es posible sostener que el terrorismo es un método cuyo objetivo es sembrar el terror para establecer un contexto de intimidación, generar pánico, producir histeria y miedo. Es preciso mencionar que de acuerdo con la Resolución 1373 del Consejo de Seguridad de la ONU, todo acto de terrorismo internacional es *una amenaza a la paz* *la seguridad internacional* . Además, los actos terroristas ponen en peligro la vida y *el bienestar de las personas* en todo el mundo (Resolución 1269 del Consejo de Seguridad de la ONU).
En este sentido, el concepto de terrorismo incluye los siguientes elementos:
Secreto (en particular, secreto en la preparación).

Operación encubierta.
Busca liquidar el orden y el respeto a la autoridad (w).
El terrorismo se legitima si se le responde mediante la comisión de actos terroristas.

COMO IDENTIFICAR AL TERRORISTA

Generalmente es una persona joven y forastera.
Es desconfiado y no deja revisar sus pertenencias, adopta una posición de nerviosismo.
Estudia y pasa frecuentemente por el lugar donde piensa colocar el artefacto
Los paquetes que porta son de poco tamaño.

La mayoría de las O.T. están estructuradas para operar en células pequeñas, de difícil infiltración, lo que permite el compartimento de sus actividades, por lo que poco se conoce de la Estructura - Seguridad y Comunicaciones, están organizadas por las siguientes secciones:
SECCION DE INTELIGENCIA
SECCION LOGISTICA O DE APOYO
SECCION DE ASALTO

FUENTES DE FINANCIACIÓN

Las FARC. Obtienen sus finanzas mediante la extorsión, el secuestro, el gramaje (porcentaje de la coca procesada) la "vacuna ganadera" e industrial en las ciudades que manifiesta tener.

PROCEDIMIENTOS DELICTIVOS

Las FARC vienen poniendo en práctica entre otros los siguientes procedimientos:

Para los desplazamientos de cuadrilla, se organizan en cuatro (4) grupos denominados "grueso, avanzada, retaguardia y flancos derecho e izquierdo".
Los vehículos propios de la organización guerrillera en ningún momento son empleados para el desplazamiento de bandoleros (se obliga a los del área).
Algunos integrantes de las redes urbanas, son bandoleros (raídos directamente de las cuadrillas.
Para desplazamientos nocturnos, generalmente los grupos de bandoleros vienen empleando los caminos y zonas descubiertas.
Para llevar a cabo la comunicación entre las diferentes cuadrillas y con el estado mayor, emplean el radio marca YAESU- F-77

DEBILIDADES

La vinculación de algunos de sus integrantes en la realización de delitos comunes y las alianzas hechas con los grupos de narcotraficantes les restará imagen e importancia en la opinión nacional.

La imposición de métodos y técnica que van en contra de la voluntad de los campesinos e indígenas como el reclutamiento forzoso, va incidir directamente en la moral disciplina de la organización.

Aplicación drástica de los estatutos reglamentos de la organización por algún cabecillas de cuadrillas, han incidido en la deserción y abandono de algunos de sus integrantes.

El grupo está perdiendo base político ideológica a raíz de los cambios en el comunismo internacional.

CARACTERISTICAS PERSONALES DE LOS TERRORISTAS

La constante preocupación por estudiar y conocer el fenómeno terrorista, ha llevado a los investigadores a precisar las características personales del terrorista, se destaca entre ellos el profesor Ferracuti, quien precisa: "En muchos casos los terroristas son solitarios, han quedado huérfanos a temprana edad, han tenido fracasos profesionales o educativos, sin personas que han tenido algún problema en el hogar o problema de ajuste con la vida, con la sociedad o inclusive problemas originados en su cerebro.

Por lo general provienen de la clase media, con un nivel superior al promedio. A menudo son atormentados por sentimientos de culpa.

Swanson, Bohnert y Smith sistematizan los rasgos de los autores de la muerte de los presidentes norteamericanos en los siguientes apartados:

1. Los asesinos eran desplazados desde un punto de vista nacional:
a. Cuatro era emigrantes
b. Tres eran hijos de emigrantes
c. Uno había desertado de su país.
2. Los asesinos eran producto de constelaciones familiares deterioradas. Todos se separaron de uno de ambos progenitores antes de los 14 años.
3. En cada caso existía una alta incidencia de trastornos psiquiátricos a nivel familiar. Cuatro de los asesinos tenían padres sicóticos y dos madres sicóticas.
4. Durante la infancia se había puesto de manifiesto en todos los casos la existencia de una personalidad esquizoide o agresiva.
a. Cinco fueron tímidos, retraídos, obedientes
b. Tres eran rebeldes, indómitos y tendientes a las explosiones temperamentales.
5. Los asesinos eran de baja estatura, todos eran delgados y median entre 1.50 y 1.65 metros.
Todos tuvieron una mala adaptación familiar
6. Todos tuvieron una mala adaptación heterosexual
Seis eran solteros - Dos estaban separados o divorciados

7. Todos eran diagnosticables como paranoides en el momento de cometer el homicidio
Siete eran esquizofrénicos paranoides.
Uno era de personalidad paranoide con episodios sicóticos

PROPOSITOS DEL TERRORISMO

Forzar concesiones específicas tales como: pagos de rescate, liberación de prisioneros, etc.

Obtención de publicidad, los terroristas esperan llamar la atención hacia su causa para proyectarse como una fuerza con méritos de ser reconocida. La publicidad ganada con los actos amenazantes de violencia, la atmósfera de miedo y la alarma creada hace que la gente exagere la importancia y la fuerza de los terroristas y su movimiento.

Causar y expandir el desorden, desmoralizar la sociedad y romper por completo el orden social existente.

Provocar deliberadamente la represión, las represalias y las acciones de contraterrorismo con la cual finalmente se puede conducir el colapso de un gobierno que no es popular. Ejemplo: actos deliberantes como secuestros de diplomáticos o la violencia indiscriminada contra civiles, diseñada para colocar al gobierno en situación embarazosa y empujarlo a reaccionar con mano dura. El gobierno puede así ser inducido por los terroristas a su propia destrucción.

Asegurar obediencia y cooperación. Ejemplo: los desertores son raptados y misteriosamente asesinados, los disidentes son arrestados a media noche, la gente desaparece y las torturan se expanden, y como en otras formas de terrorismo, el objetivo se obtiene en la audiencia.

El terrorismo frecuentemente tiene el significado de castigo. Los terroristas a menudo declaran que la víctima de su ataque, sea persona u objeto, es en alguna forma culpable o es el símbolo de algo que ellos consideran culpable. Las víctimas de la masacre del aeropuerto de Lod en 1.972, muchas de las cuales eran peregrinos cristianos de Puerto Rico, se dijo por parte de la organización Palestina responsable del ataque, que eran culpables porque habían llegado a Israel con visas de Israel y por consiguiente hablan reconocido en forma tácita aquel estado declarado enemigo de los Palestinos y que al llegar a Israel habían entrado simplemente a una zona de guerra.

HISTORIA TERRORISTA

El terrorismo no corresponde solo a nuestro siglo, al hacer una retrospección, se registran los siguientes momentos que causaron terror y destrucción de incontables vidas.

TERRORISMO JACOBINO

Propone la violencia como instrumento de poder. En el siglo XVIII el Jacobinismp pretendió por medio del terror destruir así propia religión y cultura, fue esta la llamada "República del Terror", en donde la persecución sangrienta y el cruento anticristianismo eran la nota cotidiana. La guillotina erigida en la entonces llamada "Plaza de la República", constituyó signo y práctica de la forma mediante la cual los Jacobinos se hacían obedecer y gobernaron durante una década de tiranía destructiva. Entre los hechos sangrientos más crueles de la primera época del Terrorismo Jacobino figura el de la ejecución de las monjas carmelitas de Compiégne.

TERRORISMO ANARQUISTA

El anarquismo o nihlibismo del siglo XIX comprendió al diabólico designio de no sólo destruir por terror las creencias religiosas y la nobleza europea, sino también aniquilar la noción de patria, autoridad y de propiedad. Nació en Rusia ha mediado a del siglo Pasado con el asesinato del Zar Alejandro II en 1.881. (El nihilismo era palabra usada en Francia antes de 1.848).

Los anarquistas premeditaron y pretendieron destruir por completo las bases fundamentales de nuestra civilización para reemplazarlas por otras nada claras ni precisas.

TERRORISMO BOLCHEVIQUE

En 1. 917 Lenín se alío a TrotsKy y los dos formando parte de la direcci6n del partido Bolchevique, arrojaron del gobierno ruso a Kerensky. Una vez efectuada con violencia, en octubre de ese año esa primera purga y vencidos los rusos blancos levantados en armas, capitaneados por los Generales Denikin y Wrangel para derrocar a Lenin, éste desató en su patria el más cruel Terrorismo para imponer la tiranía bolchevique.

La familia real fue bárbaramente ejecutada junto con el Zar Nicolás II, las Penas de muerte y el destierro se aplicaron a granel a quienes fueron considerados adversarios políticos. El terror reinó en toda Rusia. La religión cristiana quedó proscrita. Se estableció el trabajo general obligatorio. Se pretendió destruir la institución de la familia facilitando los divorcios Y los abortos y tratando de quitar a las mujeres el sentimiento burgués de maternidad la libertad y los derechos humanos desaparecieron.

Quedó impuesto un feroz despotismo y una centralización absoluta en materia política. El nuevo Estado, creado en Rusia por la Constitución del 10 de Julio de 1.918, tomó el nombre de la Unión de las Repúblicas Socialistas Soviéticas y enseguida buscando extender el ámbito de su dominio por el mundo entero, incitó a los obreros, estudiantes, soldados y campesinos de todas las naciones a comenzar una feroz lucha de clases. Lenín fundó en Moscú, la llamada tercera internacional destinada a propugnar e imponer en todos los países, la dictadura del Proletariado, para llegar a la abolición de las clases sociales y a la destrucción de ese instrumento de opresión y explotación que es el Estado y de ese opio del pueblo que es la religión.

TERRORISMO MARXISTA-LENINISTA

A la muerte de Lenín, dos de sus discípulos se trazaron lucha por sucederlo, Trotsky y Stalin, los dos querían reemplazarlo en la aplicación en Rusia de la doctrina marxista-leninista y proseguir bajo el signo de esa doctrina en el Terrorismo Bolchevique.

Aparte de sus propias ambiciones personales de ser ambos los amos de Rusia. Había entre ellos discrepancias respecto de cómo llevar adelante la revolución Bolchevique.

Para Trotsky al igual que lo había pensado Lenin, el comunismo ruso solo podría sobrevivir si la revolución de su país se convirtiera en una revolución mundial

En cambio Stalin sin renegar por completo de la idea de la revolución mundial, la relegaba aun segundo piano por considerarla de imposible realización en su época (década 20) y propugnaba que por el momento lo urgente era realizar, lo por él llamado comunismo en un solo país.

TERRORISMO NACIONAL SOCIALISTA

El nacional - socialismo, más conocido en la historia con el nombre de nazismo, tuvo coro líder indiscutido, desde que comenzó a actuar en Baviera a: Adolfo Hitler.

Comenzó su carrera política en 1.919, carrera que en diez (10) años lo situó de simple cabo del ejército Alemán a Führer (amo absoluto de toda Alemania). Luego de las Campañas de anexión de Austria, Checoslovaquia y Polonia y la invasión de Bélgica, Holanda, Hungría, Noruega Francia y Yugoslavia, Rumania, Grecia, Norte de África, países Bálticos y gran parte de Rusia Oriental, Hitler quedaría convertido en dueño de casi toda Europa.

Hitler demostró ser siempre el mismo Personaje siniestro y el Terrorismo nacional, socialista que él implantó sobrepasó en horrores cometidos a los otros terrorismos europeos anteriores. Si bien es cierto los Jacobinos y los Bolcheviquies se especializaron en cometer torturas, asesinatos y ejecuciones a granel, ellos actuaron dentro de las fronteras de sus países (Francia y Rusia), mientras que el terrorismo nazista, no sólo ejerció en Alemania sino en muchos de los países que Hitler dominó; terrorismo impulsado hasta su máxima expresión de 1.933 a 1.944.

Hitler declaraba que odiaba al Parlamento Alemán y a los parlamentarios y que cuando llegara al poder destruiría la República.

EL CONFLICTO ARABE - ISRAELI

Palestina, franja de tierra dividida por el río Jordán en la región que los judíos llaman protegida por Dios a su pueblo, vio surgir el terrorismo, después de la segunda guerra mundial. Conflicto originado a raíz de la constitución del Estado de Israel.

PRINCIPALES GRUPOS TERRORISTAS

A continuación veremos un perfil aunque no muy profundo de las principales organizaciones terroristas del mundo. En la mayoría de los casos, como lo dijimos anteriormente son grupos pequeños.

TUPAMAROS DEL URUGUAY

Derivan su nombre del Príncipe Inca Tupac- Amaru, capturado y ejecutado por los españoles luego que en 1.780, desatara una rebelión armada en su contra.

Los Tupamaros sostuvieron una lucha en el Uruguay sólo durante unos cuantos años terribles del siglo *XX*. Su movimiento de Liberación Nacional (MLN) surge de una escisión del partido socialista Uruguayo en 1.962 y sus primeras incursiones las realizó en 1.963, en un país afortunadamente libre de la injusticia desatada y la miseria que prevalecía en América Latina.

Los Tupamaros nunca lograron avanzar mucho en los sindicatos, aunque no dejaron de intentarlo. Eran marxistas radicales, entregados al cambio revolucionario profundo que se inició, claramente con buenas intenciones.

Al igual que los revolucionarios de la clase media en todas partes, se sentían impulsados por un sentido firme de culpabilidad social, en su fase inicial actuaron como Robín Hood quitándole a los ricos para darle a los pobres, pero en 1.969 su líder Raúl Sendic dispuso la organización de la guerra de guerrillas, a partir de 1.970, los Tupamaros lanzaron bombas, incendiaron, robaron, secuestraron y mataron con un despliegue asombroso de energía, capacidad inventiva y desafío.

FARC (FUERZAS ARMADAS REVOLUCIONARIAS COMUNISTAS) COLOMBIA

Nacen formalmente hacia el año 1.964, cuando se realiza la primera conferencia del Bloque Sur de Colombia, que unificó en la nueva organización a todos los destacamentos guerrilleros que operaban en esa región. Sus orígenes se remontan a los años 40.

Su máximo jefe MANUEL MARULANDA VELEZ, conocido también como TIROFIJO, se vinculó a la lucha guerrillera en 1.949, cuando pasó a engrosar los pequeños grupos de liberales rebeldes.

En 1.950 participó en la organización de toda una cadena de destacamentos que crecieron por la masiva vinculación de liberales y comunistas.

En 1.951 entró en relaciones con el partido comunista, declarando MARULANDA en años posteriores: "Nos venimos guiando por las orientaciones del único partido que ha estado con nosotros siempre, el partido Comunista y lo seguimos haciendo invariablemente.

Sus objetivos de lucha los enmascaran en propuestas de programas que contemplan transformaciones en la estructura económica y política de la sociedad.

Luchan contra el imperialismo norteamericano, el capitalismo financiero, los monopolios y los altos mandos militares que no quieren permitir que en el país haya amplias libertades democráticas.

Inicialmente sur medios de lucha eran los propios de las guerrillas, poco a poco fueron incursionando en actividades terroristas, llevando su lucha del campo a la ciudad, logrando intimidar a la población y sembrar el caos; no solamente en el campo sino en ciudades y carreteras del país.

EUSKADI TA ASKATASUNA-ETA: ESPAÑA

Su primera aparición ocurre en 1.968; el Número de miembros es aproximadamente de ochocientos hombres; su área operativa, España y Sur de Francia; sus tácticas: los asesinatos, secuestros, atentados, sabotajes, robo de armamento y atracos.

Su orientación política se define como movimiento revolucionario de liberación nacional, antiimperialista y anticapitalista. Sus objetivos son la Policía Nacional, la Guardia Civil, las Fuerzas Militares, Políticos, Empresarios, Industriales, e intereses franceses en España.

FUERZAS POPULARES DEL 25 DE ABRIL (FP-25) PORTUGAL

Aparece por primera vez en abril de 1.980; cuenta con unos 50 miembros, su área operativa Portugal; tácticas: bombas contra propiedades, atentados de bajo riesgo contra objetivos no protegidos. Su orientación Política antiimperialista, anti-Estados Unidos, anti-OTAN (Organización Tratado Atlántico Norte) y anticapitalista; las acciones de protesta de los trabajadores en huelgas y manifestaciones. Sus objetivos son los industriales y grandes terratenientes, policía Y diplomáticos extranjeros.

EJERCITO REPUBLICANO IRLANDES (IRA) IRLANDA E INGLATERRA

Aparece en 1.914; tiene aproximadamente 50 miembros; su área está en Irlanda del Norte e Inglaterra; tácticas: los atentados, guerra de guerrillas sabotajes y asesinatos.

Su orientación Política representa a la minoría católica opuesta a la mayoría protestante; busca la unión de la República de segregando al ULSTER de Gran Bretaña; sus objetivos: las tropas Británicas, Policías, interés, protestantes unionistas y autoridades Británicas.

CELULAS COMUNISTAS COMBATIENTES (C C C) BELGICA

Su Primera aparición ocurre en octubre de 1.984; el número de miembros es de aproximadamente de cincuenta hombres; su área operativa está en Bélgica; tácticas: bombas diseñadas para causar daños en propiedades y atentados de bajo riesgo contra objetivos no protegidos. Su orientación Política anticapitalista y antiimperialista; se opone a la instalación de misiles tipo crucero de Bélgica; sus objetivos son las multinacionales norteamericanas relacionadas con misiles crucero y Pemchin II y oleoductos de la OTAN.

CELULAS REVOLUCIONARIAS (C 2 ALEMANIA FEDERAL)

Aparece por primera vez en 1.973; tiene unos setenta hombres; su área operativa Alemania Federal; tácticas: bombas - e incendios contra objetivos desprotegidos, política: anti-OTAN y anti-nuclear. Sus objetivos son multinacionales y objetivos militares norteamericanos, instalaciones nucleares, estaciones de policía, bancos alemanes, empresas relacionadas con la defensa y el sector de la informática.

FRACCION DEL EJERCITO ROJO (R.A.F) EUROPA OCCIDENTAL

Su primera aparición ocurre en mayo de 1.972; el número de miembros se calcula en cuarenta hombres; su área operativa Europa Occidental, principalmente Alemania Federal, Bélgica, Holanda, Francia, Austria y Suiza; sus tácticas, los asesinatos, secuestros y artefactos explosivos por control remoto. Su orientación política es anticapitalista y antiimperialista. Sus objetivos son los líderes políticos, industriales alemanes de alto nivel y personalidades norteamericanas.

BRIGADAS ROJAS (BR) ITALIA

Su primera aparición en 1.970; los integrantes rueden ser unos setenta y cinco hombres; su área operativa Italia; tácticas: asesinatos, secuestros, robo a mano amada y atentados contra objetivos claves: suelen marcas a sus víctimas con un tiro en la rodilla.   Su orientación política, antiimperialista, anticapitalista y anti-OTAN. Sus objetivos son los industriales, policías, militares, políticos, periodistas, oficiales de la OTAN, militares norteamericanos y diplomáticos.

BANDA BAADER MEINHOF (ALEMANIA)
Surge en la década del 60, cuando Andreas Baader y Ulrike Meinhof unieron sus fuerzas para aplastar a la burguesía alemana y cuando los Tupamaros de Berlín Occidental acabaron de iniciar su programa bombas para la paz.

EJERCITO ROJO JAPON

Tuvo el punto máximo de su gloria en los grandes levantamientos estudiantiles de 1.968 y 1.969, en esta época tenía aproximadamente cuatrocientos seguidores izquierdistas violentamente revolucionarios y un dominio hipnótico sobre el público.

Después de una visita de George Habash a Corea en 1.970 son invitados para que participen en empresas conjuntas y una unidad internacional japonesa, bajo los auspicios de la PFLP en Beirut.

EJERCITO DE LIBERACION NACIONAL (E.L.N.) COLOMBIA

Nació con diez y siete hombres al mando de Fabio Vásquez Castaño, ha sido el grupo más radicalista y violento del País. Desde su nacimiento se ha dedicado solamente al terrorismo, especialmente contra la Fuerza Pública y las empresas petroleras que

RECOMENDACIONES PREVENTIVAS DE UTILIDAD GENERAL

Cada jefe de oficina o dependencia debe mantener un listado de los sitios más probables donde un terrorista podría colocar una bomba. Este listado debe incluir:
Columnas de los ascensores
Accesos a las tuberías
Áreas de almacenamiento
Cuartos de archivo y correo
Cielos rasos
Tableros de control
Depósitos inflamables
Panales y estantería
Baños, puertas y ventanas
Áreas de servicio, closets, etc.
Válvulas de gas o combustibles.
Cajones en general.

Esta lista no es completa, pero sirve de guía para mantener cierto grado de vigilancia sobre estos sitios y puede ser de ayuda para personal de búsqueda. Además de lo anterior, a nivel general, se debe informar a todo el personal sobre el contenido de las siguientes medidas de prevención en la lucha contra los agentes terroristas:

Medidas preventivas de ejecución permanente dentro de una instalación:

Establecer la requisa de paquetes que entran a áreas críticas o sensitivas.
Desarrollar la actitud de la seguridad para reportar personas sospechosas u objetos dudosos.
Establecer un programa de inspecciones periódicas. Esto puede hacerse como una tarea más de la inspección de aseo para no levantar suspicacias.

Comprobar la seguridad de los accesos a las áreas claves como: computadores, calderas, cuartos de correo, comunicaciones, cuartos de control, salas de máquinas y closets.
Verificar los procedimientos de manejo de las llaves y asegurarse de que las puertas de incendio o de emergencia estén funcionan correctamente.
Comprobar la vigencia, localización y estado de funcionamiento de los extinguidores.
Inspeccionar las zonas de despacho, recibo de materiales, garajes y parqueaderos.
Disponer una protección adecuada para los documentos de valor.
Inspeccionar las mallas protectoras, los sistemas de alarma e iluminación. Proteger las ventanas de los pisos bajos con enrejado.
Ordenar mantener sacos de arena y colchones que son de mucha utilidad en caso de localizarse el artefacto explosivo. Una frazada anti-expbsivos disminuye el efecto de la onda explosiva
Instalar un CCTV en los sitios claves es un excelente disuasivo para el terrorista.
Instalar los detectores de metales y explosivos en la portería principal es una buena práctica.
Mantener linternas de mano, baterías y algunos reflectores.
Colocar avisos cono: _   _ . .   ha demostrado ser de utilidad para disuadir.
Las entradas y salidas se pueden modificar con un gasto mínimo con el fin de canalizar a todo el personal a través de un punto de registro y control.

Las personas, a la entrada, deben firmar un registro indicando la persona a quién van a visitar. Luego deben pasar a una sala de espera, mientras el portero hace el anuncio. El empleado visitado debe salir a la sala y conducir al visitante a su oficina. Al salir, el empleado debe firmar la boleta de entrada indicando la hora de salida. Este procedimiento puede resultar tedioso para el público, pero, si se le explica que se ejecuta por su propia seguridad, de seguro terminará por ser aceptado.

CONTROL DEL PANICO

El pánico es un miedo súbito, irracional e histérico que se propaga rápidamente. El pánico es producido por el miedo, a pesar de que quienes lo padecen no sepan por qué tienen miedo. La gente trata de reunirse y correr en una sola dirección que desconoce. Es una verdadera pesadilla en que la conciencia de la personalidad se pierde y prima el espíritu dinámico y caótico de la masa. Es el fenómeno de la estampida. Nada ni nadie puede detenerla, a no ser que llegue al abismo de su autodestrucción.
Cuando se llega a este estado es muy difícil controlar a un grupo. Hacer un llamado a la razón y la calma en este momento es perder el tiempo. La aplicación de medidas de fuerza y el ejercicio de una posición de liderazgo ayudan mucho. La única forma para evitar situaciones de pánico es el haber tomado con antelación ciertas medidas para prevenirlo.
Secuencia del Pánico

Aturdimiento e inconsciencia.
Sensación de miedo, angustia y desesperación en límites próximos a la locura.
Pánico o control:
Si prevalece el pánico viene el desastre.
Si sobrevive el control se inicia la recuperación de la conciencia y procede la calma.
Este fenómeno se da en la mayoría de los casos cuando hay autocontrol.
Conciencia y aceptación del hecho.
Duda, temor e incertidumbre.
Sensación de desprotección, abandono e impotencia.
Si el sujeto es temperamento pasivo proferirá manifestaciones de rencor. Si el sujeto es de temperamento activo manifestará deseos de venganza.
Perdón u olvido. Perdón: motivado por el olvido consciente, mantiene los recuerdos de manera permanente.
Perdón: motivado por el olvido inconsciente.
El sujeto será víctima de constantes pesadillas.
Perdón aparente con el tiempo a menos que no se estimule con frecuencia la memoria latente.
Recuerdo. Retorno al paso 7 y el ciclo continúa.

SEGURIDAD DE INSTALACIONES

ESTUDIO DE SEGURIDAD

1.- INTRODUCCION

El estudio de seguridad es la base de todo programa de Seguridad, es el primer paso que toda empresa de Vigilancia debe hacer, para determinar un plan básico de Vigilancia, donde se incluya el Número de ESCOLTAS, tipo de armamento, comunicaciones, funciones, controles y procedimientos, presentar las recomendaciones con la propuesta o cotización al usuario, mostrándole sus verdaderas necesidades en seguridad.
El proceso de un estudio de seguridad se determina en las siguientes fases, así:

USUARIO	SOLICITUD DEL SERVICIO	EMPRESA DE VIGILANCIA
PLAN DE VIGILANCIA	ESTUDIO DE SEGURIDAD	EMPRESA DE VIGILANCIA
PRESENTA PROPUESTA	USUARIO ANALISA	TOMA LA DECISION

Una vez el usuario toma la Decisión, la Empresa de Vigilancia procede a la selección del personal y efectúa una inducción, para que el personal conozca la organización, funciones, controles y procedimientos en los puestos.

2.- DEFINICION DE ESTUDIO DE SEGURIDAD

Es el conocimiento que se adquiere de personas, instalaciones y procedimientos, para ser analizado con relación a las normas de seguridad vigentes y situaciones de riesgo que se puedan presentar, para determinar sus Vulnerabilidades diseñando un sistema de protección que brinde una mayor y mejor cobertura de la seguridad.

3.- CLASES DE ESTUDIOS DE SEGURIDAD

1.- FISICO   : El que se hace a las instalaciones, empresas, industrias, oficinas, almacenes, viviendas

2.- PERSONAL: El que se le efectúa a las personas y se tienen dos categorías:

LABORAL   : Es que se les adelanta a los trabajadores de una empresa antes del ingreso y durante el tiempo que dure en la empresa para determinar su grado de confianza.

PERSONAJES: Es el que se le hace a los persona que por su importancia, jerarquía o posición tienen un mayor grado de riesgo, tales como: Industriales, presidentes de empresas, funcionarios públicos, etc., y determinan sus Vulnerabilidades en su seguridad.

3.- PROCEDIMIENTOS (ESPECIALES): Son los que se les hace a los diferentes normas, procedimientos, controles, planes de prevención que tiene una empresa, para determinar sus deficiencias, normalmente está incluido en el estudio de seguridad físico.

4.- FINALIDADES DE UN ESTUDIO DE SEGURIDAD

    1.- Conocer las Vulnerabilidades (debilidades) del sistema de seguridad.

    2.- Conocer las fortalezas del sistema de seguridad.

    3.- Conocer el grado de Confianza de una persona.

    4.- Conocer los riesgos existentes.

    5.- Conocer las fuentes de riesgos existentes, probables o posibles.

    6.-   Elaborar un plan básico de seguridad, prevenir y proteger   eliminando los riesgos, de no ser posible estar preparado para disminuir sus efectos.

5.- ANILLOS DE SEGURIDAD O PROTECCION

El mejor sistema Protección es el conocido mundialmente como ANILLOS DE SEGURIDAD, la importancia que se le quiera brindar a la seguridad, determina el número de anillos, teniendo cuatro como básicos, así:

NIVELES DE PROTECCION

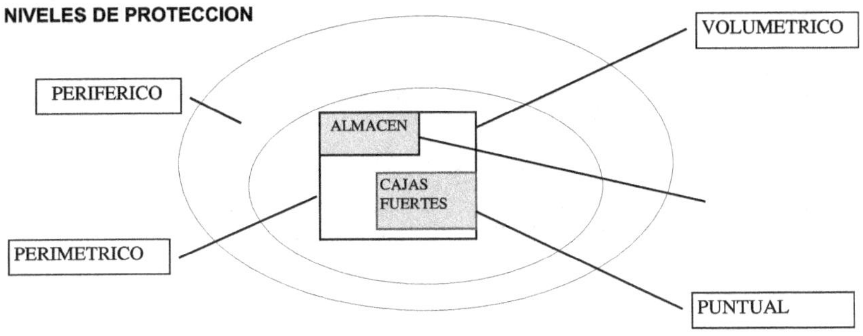

PERIFERICO: Todos los puntos de control, críticos, vías de acceso, autoridades y otros que están en los alrededores del puesto de vigilancia.
PERIMETRICO: Los límites del Puesto de Vigilancia, en una casa o Local son las paredes que colindan con otras casa, en empresas grandes e industrias, son los muros, mallas.
VOLUMTRICO: Es el conjunto interior de una o varias edificaciones dentro del perímetro.
PUNTUAL: Son las dependencias más susceptibles a la delincuencia, puede ser una o varios puntuales.

Los anillos de Seguridad o Protección se deben de analizar tanto horizontalmente como en forma vertical, teniendo en cuenta los siguientes aspectos:

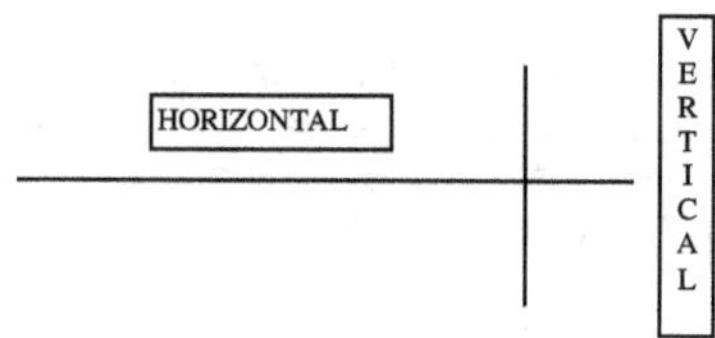

6.- PROCESO DE ELABORACION DEL E.S.

El proceso de elaboración del Estudio de Seguridad Físico, consta de tres fases, así:

DESCRIPCION : La primera fase, es la descripción total del sitio donde se va a realizar el estudios de Seguridad, parte externa, que es el entorno, parte media, que son las barreras perimétricas y la parte interna que son las instalaciones, esta descripción tiene que ser al detalle por lo que se recomienda emplear cámaras fotográficas, de video y/o grabadora.

ANALISIS: Una vez obtenida la descripción y de haber conocido el sitio al detalle, se hace un análisis de los sistemas de protección existentes con respecto a los actuales riesgos y vulnerabilidades.

CONCLUSION Y RECOMENDACIÓN: En esta fase se determinara el grado de Riesgo del sitio y se presentaran propuestas para minimizar los riesgos y desaparecer las vulnerabilidades, fortaleciendo el sistema de protección.

Las Compañías exitosas y por tanto las más lucrativas, son por lo general las mejor dirigidas, controladas y las más seguras. Un alto grado de seguridad y control se logra por medio de la implantación de oportunas medidas de prevención, y nunca merced de planes súbitos, improvisados o por medio de programas de emergencia o de corto alcance.

El estudio de seguridad nos determinará en forma concreta el grado de amenaza y el nivel de riesgo. Con base en los resultados del estudio se diseñará el Programa de Seguridad, cuya amplitud y costo serán proporcionales al grado de exposición o peligro en que se encuentra actualmente la planta física y el personal de la empresa.

De acuerdo a lo anterior la Seguridad debe ser parte fundamental de la política gerencial a largo plazo, de cubrimiento integral y de alcance general y, como tal se debe convertir en uno de los más importantes puntos de apoyo para el desarrollo normal de la empresa.

Otro de los objetivos del Estudio de Seguridad, es de aproximar a la Gerencia _ a la realidad actual, reflejada en la falta de medidas de prevención las cuales permiten o facilitan que los niveles de inseguridad se disparen.

Teniendo en cuenta el anterior análisis, consideramos de vital importancia el apoyo que la Gerencia brinde al desarrollo del plan de seguridad, de tal manera que permitan identificar los riesgos, amenazas y vulnerabilidades en las diferentes áreas y procesos para prevenir, detectar y corregir todas las fallas que afectan y que atenta con el normal funcionamiento de la Empresa.

ELABORACION DE UN ESTUDIO DE SEGURIDAD

DESCRIPCIÓN

INFORMACION GENERAL:

Es la información general del sitio u organización donde se va a efectuar el estudio de Seguridad.

FUNCION DE LA EMPRESA: Es el Objeto social de la misma, se hace una breve descripción de su proceso.

ORGANIZACION: Es un censo general de las personas que laboran o residen en el sitio y su jerarquía.

HORARIOS DE TRABAJO: Permite determinar el número de personas y horario de permanencia en el sitio, es importante para saber que personas están autorizadas para laborar y para elaborar los Planes de Emergencia.

ESTUDIO DEL AREA PERIFERICA (TERRENO CIRCUNDANTE):

El Nivel Periférico es el Perímetro exterior está compuesto por la Topografía, barrios, conjuntos residenciales, status social, condiciones sociales, actividad comercial, autoridades, personajes, estaciones de servicio, hospitales, bomberos, subestaciones de teléfonos- electrificadora gas acueducto, construcciones, fuentes de riesgos (grupos de delincuencia, drogadicción), iluminación, vías de acceso, afluencia de personas, transporte.

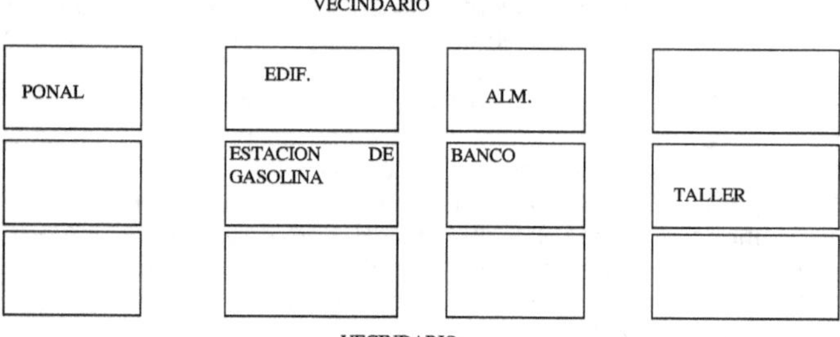

La forma de determinar si es vulnerabilidad o fortaleza, es analizando cada situación en forma particular, en este momento se debe tratar de pensar como actuaría el delincuente, que técnica emplearía, que fachada utilizaría, mas sin embargo debe tener en cuenta, no hay fortalezas 100% seguras, por consiguiente hay que reforzarla, lo que aparenta ser una fortaleza se puede convertir en debilidad. Ejemplo : Tener el puesto de Vigilancia al lado de un CAI de la PONAL, se puede analizar como una fortaleza, debido a que se cuenta con un apoyo inmediato por parte de las autoridades, pero también se convierte en una vulnerabilidad, en el caso de que ese mismo CAI sufra un atentado terrorista. En esta primera fase del estudio veremos:

1.- Área rural, urbana, sub urbana: La ubicación es de vital importancia, una Área Rural presenta ventajas: No hay mucha afluencia de personas, se puede tener un censo de las viviendas y habitantes aledaños, una o máximo dos vías públicas, los habitantes se pueden integrar a un programa de asistencia y de acción Cívica. A su vez presenta desventajas, retirado de un apoyo inmediato, servicios públicos deficientes y fáciles de sabotear, permite encubrimiento al delincuente. Área Urbana, presenta ventajas, apoyo más rápido por parte de la empresa y autoridades, servicios públicos eficientes, mayor vigilancia por parte de las autoridades. Desventajas, vías de acceso, fácil desplazamiento, emplear diferentes fachadas, mucha afluencia de personas.

2.- Topografía: La topografía se puede definir como plana, ondulada, montañosa, árida, selvática, boscosa, con el apelativo de semi, muy o poco. Presenta sus ventajas y desventajas, se debe tener en cuenta la observación, el follajes, vías de acceso como trochas, ríos, quebradas, precipicios, puntos críticos del terreno, desniveles.

3.- Población: De la población los puntos de referencias son: Status social (Alto Medio Bajo) Un Status Alto se puede decir que es ventaja, las personas tienen una cultura alta, buenos ingresos, etc. Pero también tienen sus desventajas, son más susceptibles de amenazas, atentados, secuestros. Actividad económica, Comercial, industrial, financiera, portuaria, residencial y va ligada al panorama social y condiciones de trabajo.

4.- Servicios Públicos y autoridades: Es importante tener en cuenta la ubicación, distancia y tiempo de Policía, bomberos, hospitales, ambulancias, centrales o sub estaciones de servicios públicos, para que se pueda brindar una ayuda en forma oportuna, teniendo en cuenta que tenerlos cerca, también presenta desventaja.

CARACTERISTICA DEL VECINDARIO:

Es describir la actividad económica del sector, el nivel social del sector, la tendencia de los habitantes, oficios, actividades, etc., de igual manera, los fenómenos naturales que se han presentado, latentes o probables, como de igual la experiencia de otras empresas.

PERIMETRO:
Es el nivel de Protección Volumétrico, se describe los límites del sitio y consta de los siguientes puntos.
CONSTRUCCION: Hace referencia a las construcciones o terrenos aledaños, tipo de construcción, terrenos baldíos, quebradas, etc.
BARRERAS: Casas, la fachada (Entrada o frente), paredes que limitan con los vecinos, patios. Edificio, la fachada (Entrada o frente), paredes que limitan con los vecinos. Conjuntos de Casas - Torres de Edificios y Empresas, se describen los tipos de barreras e iluminación, para lo cual existen diferentes diseños, así:
TIPO DE BARRERAS: NATURALES: Ríos, quebradas, precipicios, taludes, árboles o cualquier fenómeno de la naturaleza que brinda protección. ARTIFICIALES: Muros, Rejas, Mallas, Cercas o combinados.
ILUMINACION: NATURALES: La luz día (sol) en la noche la luna, es importante conocer las fases lunares. ARTIFICIAL : AEREA : Existen múltiples sistemas de bombillos, con características diferentes, mayor espectro (área iluminada) que otros y su duración entre otros aspectos, la ubicación y área por iluminar es importante, teniendo en cuenta, que las empresas y conjuntos prefieren que la iluminación sea al interior y descuidan el área exterior. TERRESTRE: Farolas que están a ras de piso.

MUROS	MALLAS	CERCAS	REJAS

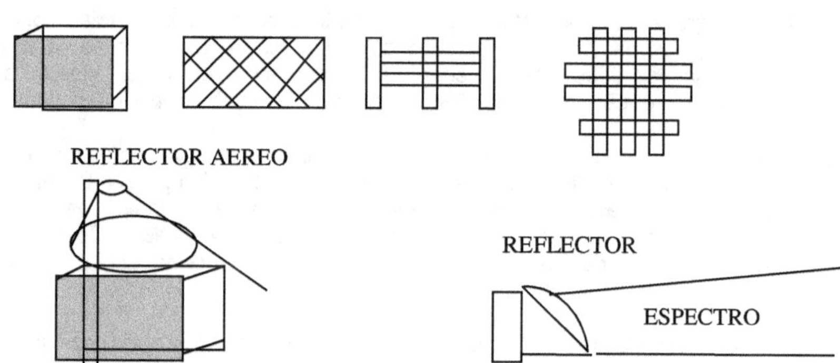

PUNTOS CRITICOS: Esto todo aquello que permita el sobre pasó a la barrera, sea esta por la parte alta o baja de la estructura, como árboles, edificaciones pegadas, canecas, alcantarillas, huecos, etc. Puntos ciegos, son aquellos que por algún motivo no dan una visibilidad completa a la malla, desechos, árboles, matas, mala iluminación artificial.

CONTROLES DE ACCESO: Por ser una barrera, tiene entradas y salidas, describir que tipo de controles de acceso tienen, barras, rejas, portón, puertas, etc.

INSTALACIONES:
Las instalaciones se hacen una descripción general de la construcción, si es en cementos, tipo de mampostería, número de plantas (pisos), cantidad de edificaciones, etc. Posteriormente, se coge dependencia por dependencia y se describe teniendo en cuenta los siguientes aspectos:
PUERTAS: Tipo de puerta (Constitución): Madera, metálica, vidrio, combinada; Marco o Cerco de la puerta; Bisagras, pivotes de seguridad y tacos; Accesorios (Ojo mágico - alarma - cerrojos); Cerraduras.
VENTANAS: Constitución: Vidrio, plano, corrugado, blindado, Anjeo, hueco. Marco - Bisagras - Accesorios - Cerradura.
TECHO: Tipo de techo en zinc, teja eternit, teja de barro, plancha. Traga Luz - Altura - Protección.
SISTEMA DE REFRIGERACIÓN: Ductos de aire, calados, claraboyas.
ILUMINACION INTERNA: Natural y artificial, sistema empleado.

ESTUDIO DEL CONOCIMIENTO DEL ENTORNO - ESTUDIO DE SEGURIDAD FISICO

LUGAR Y FECHA	:

EMPRESA	:
DIRECCION	:
TELEFONO	:
GERENTE	:
JEFE DE SEGURIDAD	:
FUNCIONARIOS PARTICIPANTES	:
ASESOR EN SEGURIDAD	:

I. DESCRIPCION GENERAL DE LA EMPRESA

1.- FUNCION DE LA EMPRESA:

2.- ORGANIZACIÓN DE LA EMPRESA

EJECUTIVOS		OPERATIVOS	
EMP. ADMINISTRATIVOS		PLANTA	
OBREROS		EXTERNOS	
CONTRATISTAS		TEMPORALES	

3.- HORARIOS DE TRABAJO

HORARIO DIAS	TURNO No 1			TURNO No 2			TURNO No 3		
	DESDE	HASTA	No EMPL	DESDE	HASTA	No EMPL	DESDE	HASTA	No EMPL
LUNES									
MARTES									
MIERC.									
JUEVES									
VIERNES									
SABADO									
DOM/GO									
FESTIVO									

3.- UBICACIÓN AUTORIDADES Y SERVICIOS DE EMERGENCIA

AUTORIDADES	DIRECCION	TELEFONO
POLICIA		
SIJIN		
DAS		
UNASES / GAULA		
BOMBEROS		
TRANSITO		

ELECTRIFICADORA		
EMPRESA DE GAS		
ACUEDUCTO		
CRUZ ROJA /DEF. CIVIL		
AMBULANCIAS		
CENTROS ASISTENCIALES		
OTROS		

II. TERRENO CIRCUNDANTE

1.- AREA: URBANA_______ SUB-URBANA_______ RURAL

2.- TOPOGRAFÍA: PLANA /MONTAÑOSA /BOSCOSA /SELVATICA /ONDULADA / DECLIVES

3.- SISTEMA VIAL: RUTAS DE ACCESO / RUTAS RAPIDAS/ LENTAS/ AUTOPISTAS

4.- SERVICIOS PUBLICOS DISPONIBLES: LUZ-AGUA-TELÉFONO-GAS-OTROS-
4.1. UBICACIÓN:

4.2 PRESTACIÓN DEL SERVICIOS

III. CARACTERISTICAS DEL VECINDARIO

1.- STATUS ECONOMICO: Condiciones de trabajo y salarios / sectores: RESIDENCIAL INDUSTRIAL COMERCIAL BANCARIO PORTUARIO AGRICOLA GANADERO PETROLERO:

2.- STATUS SOCIAL: ALTO - MEDIO ALTO MEDIO MEDIO BAJO - BAJO

3.- PANORAMA SICOLOGICO: Tendencias e influencias políticas, delincuenciales, subversivas, sindicales

---

4.- FENOMENOS NATURALES: Riesgos generados por la naturaleza Sismos, inundaciones, avalanchas, terremotos, deslizamientos de tierra, etc.

5.- EXPERIENCIAS DE OTRAS EMPRESAS / OTROS COMENTARIOS:

IV. PERIMETRO

1.- CONSTRUCCIONES DEL PERIMETRO: Edificaciones Dominantes, tipos de construcción, desocupadas, lotes, terrenos baldíos, Construcciones que generen riesgo.

2.- BARRERAS PERIMETRICAS: Tipo, altura, material, distancia a la edificación principal, estado, limpieza, mantenimiento, remate final, sistemas electrónicos.

3.- PUNTOS CRITICOS DE LA BARRERA: Desechos cerca de la barrera, puntos ciegos, obstáculos, Techos, paredes, árboles cerca de la malla.

4.- CONTROLES DE ACCESO:
-   PORTERIA DE PERSONAL:
UBICACIÓN: ____
IDENTIFICACIÓN   DE   ERSONAS:

SISTEMA DE ACCESO: (Eléctrico   Electrónico   Mecánico) _______________
VISIBILIDAD NTERNA____
VISIBILIDAD EXTERNA: ____

SISTEMAS DE COMUNICACIÓN: ______________________________

AREA DE REQUISA: ______________________________

EQUIPOS ELECTRÓNICOS DE REQUISA: ______________________________

SISTEMA DE CONTROL DE PERSONAL: ______________________________
LIBROS DE CONTROL DE PERSONAL: ______________________________
LIBROS DE CONTROL DE DOCUMENTOS: ______________________________
ACCESO A LA PORTERIA: ______________________________
PORTERIA DE VEHÍCULOS: ______________________________
UBICACIÓN: ______________________________
IDENTIFICACIÓN DE VEHÍCULOS: ______________________________
SISTEMA DE ACCESO: (Eléctrico   Electrónico   Mecánico) ______________________________
VISIBILIDAD INTERNA______________________________
VISIBILIDAD EXTERNA: ______________________________
SISTEMAS DE COMUNICACIÓN: ______________________________

AREA DE REQUISA: ______________________________

EQUIPOS ELECTRÓNICOS DE REQUISA: ______________________________
EQUIPOS MECÁNICOS DE REQUISA: ______________________________
SISTEMA DE CONTROL VEHICULOS: ______________________________
LIBROS DE CONTROL DE VEHICULOS: ______________________________

V. INSTALACIONES

A. GENERAL: Descripción General de la edificación:
1.- TIPO DE CONSTRUCCION: Parte externa de la instalación -Cemento, Ladrillo, tapia pisada, madera, No plantas (pisos), cantidad de edificaciones (principal   aledañas).

____
____
____

2.- CARACTERISTICAS DE LOS PUNTOS ACCESO PRINCIPALES
   2.1. PUERTA ENTRADA PRINCIPAL PERSONAS:
-   MATERIAL: (Madera   Metálica   Vidrio, etc.)
-   SEGURIDAD: (Reforzada   Rejas   Pasadores- Ojo mágico, alarmas)
-   CERRADURAS: (Sencilla   Doble)

- PIVOTES (BISAGRAS):
MECANISMO DE APERTURA Y CIERRE: (Eléctrico Electrónico Mecánico)

PUERTA ENTRADA DE VEHÍCULOS:
- MATERIAL: (Madera Metálica Reja, Portón, etc.)
- SEGURIDAD: (Reforzada Cadenas Candados- Ojo mágico, alarmas)
- CERRADURAS: (Sencilla Doble)
- PIVOTES (BISAGRAS):
- MECANISMO DE APERTURA Y CIERRE: (Eléctrico Electrónico Mecánico)

B. PARTICULAR: Si la instalación consta de varias edificaciones, se describe en igual de características del punto (1) TIPO DE CONSTRUCCIÓN cada edificación y la parte interna se toma dependencia por dependencia (Recepción Pasillos Oficinas, etc.,)

1. DESCRIPCIÓN DE LA DEPENDENCIA:
- NOMBRE
- UBICACIÓN
- CARACTERÍSTICAS

---

2. PUERTA ENTRADA
- MATERIAL: (Madera Metálica Vidrio, etc.)
- SEGURIDAD: (Reforzada Rejas Pasadores- Ojo mágico, alarmas)
- CERRADURAS: (Sencilla Doble)
- PIVOTES (BISAGRAS):
- MECANISMO DE APERTURA Y CIERRE: (Eléctrico Electrónico Mecánico)

---

3. VENTANAS: No de ventanas, altura, material, cerraduras, protección.
MARCO: (Madera Metálica Aluminio, etc.)
MATERIAL: (Madera Reja Vidrio, etc.)
ALTURA:
VISIBILIDAD AL INTERIOR Y EXTERIOR
SEGURIDAD: (Reforzada Rejas Pasadores, alarmas)
CERRADURAS: (Sencilla Doble)
PIVOTES (BISAGRAS):
MECANISMO DE APERTURA Y CIERRE: (Eléctrico Electrónico Mecánico)

4. TECHOS:
- CARACTERÍSTICA DEL TECHO: (Plancha Teja, etc.,)
- CIELO RASO:
- SEGURIDAD: **(Rejas, varillas, refuerzos, alarmas, etc.)**
- ALTURA:
- TRAGA LUCES
- VENTILACIÓN: **(Ductos Aire Acondicionado Claraboyas)**
5. ILUMINACION INTERNA:
- NATURAL: (Durante el día Noche)
- ARTIFICIAL (Cobertura, sistemas de encendido, controles, estado de las instalaciones)
- ____
____
____

VI. ILUMINACION PROTECTIVA

1.- BARRERA PERIMETRICA: Tipo de iluminación, aérea, terrestre, Cobertura total parcial - adecuada, cubre toda la extensión de la barrera, sectores y puntos oscuros, alumbrado interior o exterior.

____
____
____

2.- SISTEMAS DE EMERGENCIA: Plantas de energía, capacidad, encendido, mantenimiento, pruebas.

____
____

3.- AREAS ILUMINADAS: Porterías, Parqueaderos, edificaciones, control de áreas aledañas.

____
____

4.- SISTEMA DE CONTROL DE LA ILUMINACION: Ubicación, acceso, manejo, seguridad.

____
____

VII. CONTROL DE PUERTAS CERRADURAS Y LLAVES

1.- CONTROL DE LLAVES O CODIGOS: Personas que manejan las llaves o código de barras, cambio de cerradura por cambio de personal, pérdidas, investigación por pérdida o robo de llaves.

2.- LLAVES MAESTRAS: Existencia, personas autorizadas, distribución.

3.- DUPLICADO DE LLAVES: Existencia, control, distribución, autorización.

4.- SERVICIO DE CAERRAJERIA: Empresa, personas, estudios de seguridad personal.

5.- INSPECCION DE LLAVES: Duplicados de las llaves son inspecciones, sirven, seguridad de las mismas, inventario, periodicidad.

6.- SISTEMAS DE ALARMAS EN LAS PUERTAS: Existencia y eficacia.

7.- REGISTRO DE APERTURA Y ACCESO: Control sobre puertas de acceso restringido.

8.- CAJAS FUERTES

No	UBICACION	RESPONSABLES

9.- COMBINACION DE CLAVES: Periodicidad cambio claves, seguridad y control de las claves

10.- CONTROL DE CANDADOS: Cantidad de candados, control de llaves, inspecciones, cambios, rotación de los mismos.

VIII. SISTEMAS DE ALARMAS

1.- EMPLEO DE SISTEMAS DE ALARMAS: Contra - sustracción, vidrios, incendios, aperturas, pánico, emergencias.

2.- TIPOS DE ALARMAS:

UBICACION	**MONIT OREO**	TIPO	RESPONSABLE Y TELÉFONO

3.- MANEJO DE ALARMAS: Personas autorizadas para la conexión y desconexión del sistema.

4.- CIRCUITOS CERRADOS DE TELEVISION: Existencia, ubicación control, responsables.

UBICACIÓN CAMARAS	MONITOREO	RESPONSABLE

5.- MANTENIMIENTO DEL SISTEMA DE ALARMAS: Responsable y Periodicidad del mantenimiento, pruebas.

6.- FALSAS ALARMAS: Periodicidad de las falsas alarmas, motivo, reacción.

7.- PROCEDIMIENTOS Y REACCION EN LA ACTIVACION DEL SISTEMA DE ALARMAS

IX. SEGURIDAD FÍSICA
1.- GUARDAS DE SEGURIDAD

PUESTO	No G.S.	UBICACION	FUNCION PRINCIPAL

2.- SERVICIO DE RONDA / PISOS / SECTORES

CONCEPTO	PTO 1	PTO 2	PTO 3	PTO 4	PTO 5
No G.S.					
HORARIO					
DURACION					
RUTA					
CONTROLES					
REGISTRO					
PTOS. CRITICOS					

3.- DOCUMENTACION Y REGISTRO: Esta al día la documentación del Punto., libros de control, se llevan en orden y pulcritud, cumple sus objetivos, actas de elementos, registran las rondas.

4.- FUNCIONES Y CONSIGNAS: Están registradas, las conocen, las practican, existen órdenes adicionales y recomendaciones de seguridad.

5.- ENTRENAMIENTO: Capacitación del personal, entrenamiento, polígono

Guarda de Seguridad	Nivel Capacitación	Reentrenamiento	Polígono

6.- PROCEDIMIENTOS ESPECIALES: Conoce los procedimientos en caso de atentados, amenazas, hurtos, otras situaciones, existen planes

---

7.- PRESENTACION PERSONAL: Porte, aseo, limpieza, documentos

8.- INCIDENTES / ACCIDENTES / RIESGOS: Se tienen registros sobre incidentes, accidentes y riesgos de situaciones presentadas en el puesto, se ha tomado acción, son divulgados.

9.- RELACIÓN DE FUNCIONARIOS: Existen la relación de los nombres, cargos y teléfonos de los funcionarios de la empresa.

NOMBRE Y APELLIDOS	CARGO / DEPENDENCIA	TELEFONO

X. CONTROL DE PERSONAL

1.- SISTEMA DE CONTROL DE ENTRADA Y SALIDA: Carnet, fichas, escarapelas, libros, Procedimientos.

EMPLEADOS:

VISITANTES:

EMPLEADOS TEMPORALES:

CONTRATISTAS/MANTENIMIENTO:

RESIDENTES:

OTROS:

XI.- CONTROL INTERIOR

1.- CONTROL DE CORRESPONDENDIA Y ENCOMIENDAS: Verificación del destinatario y remitente, mensajería, se lleva registro, se inspecciona, devoluciones.

2.- CONTROL DE BASURAS, DESPERDICIOS, CHATARAS: Controles, revistas, salida de Elementos, personal autorizado.

3.- CONTROL DE VEHÍCULOS: Empresa, empleados, residentes, visitantes, particulares. Libros de control, ficheros, autorizaciones, entradas, salidas, inspecciones.

4.- CONTROL INTERNO DEL PERSONAL: (Emplean escarapela, ficho, etc.)

5.- CONTROL DEL PARQUEADERO: Tipo de control, libros, ficheros, iluminación.

6.- CONTROL DE PRODUCTOS: Cargue y descargue de mercancías, supervisión, facturación, autorización, libros.

7.- CONTROL DE CONDUCTORES: Existen áreas de permanencia de los conductores, vagan libremente.

8.- ENTREGA DE MERCANCIAS: Horarios de entrega, fuera de horario.

9.- MERCANCIAS FUERA DE BODEGA: Que tipo de control existe, vulnerabilidades.

XII. SEGURIDAD PERSONAL

1.- PERSONAL DE EMPLEADOS: Se hace proceso de selección e investigación, quien lo adelanta.

____

____

2.- PROCEDIMIENTOS PARA ASIGNACIÓN DE ELEMENTOS: Documentos, maquinaria, llaves, credenciales.

____

____

ANALISIS Y RECOMENDACIONES

Aspectos de vulnerabilidad y fortalezas encontradas en el Estudio de Seguridad en cada uno de los puntos por evaluar, con sus correspondientes recomendaciones:
1.- INFORMACION EMPRESARIAL
2.- TERRENO CIRCUNDANTE
3.- CARACTERISTICAS DEL VECINDARIO

4.- PERÍMETRO

5.- INSTALACIONES

6.- ILUMINACION PROTECTIVA

7.- CONTROL DE PUERTAS/CERRADURAS Y LLAVES

8.- SISTEMAS DE ALARMAS

9.- SEGURIDAD FÍSICA

10.- CONTROL DE PERSONAL

11.- CONTROL INTERIOR

12.- SEGURIDAD PERSONAL

INFORMACION ADICIONAL AL RESPLADO IDENTIFICANDO EL NÚMERO

PREVENCION DE ADICCIONES

LA PERSONALIDAD

Introducción.- .________.
.______.

por menos 2000 años

La vida diaria de un ciudadano corriente demuestra este hecho: empieza la jornada desayunando en comunidad con la familia. Es este el primer círculo social al que pertenece. Allí se aprenden valores y se forman opiniones en el contacto con os padres y hermanos. Es el punto de partida de la evolución personal. El adulto termina su desayuno y se dirige al trabajo en donde entra de nuevo en relación con otras personas experimentando sentimientos de agradecimiento, compañerismo, enemistas, competencia. , en lo que haga en sociedad va repercutir en otros y viceversa.

Por la noche, el ciudadano medio suele reunirse con su amigo, ir a un partido de fútbol, asistir a una conferencia, etc. Todo lo anterior demuestra que el hombre es un ser social por naturaleza. De allí surge el concepto de relaciones humanas como las acciones y actitudes desarrolladas por los contactos entre personas y grupos.

Cada individuo es una personalidad altamente diferenciada que influye en el comportamiento y actitudes de aquellos con quien se mantiene en contacto y que igualmente es bastante influido por otros.

Es principalmente dentro de la empresa donde surgen las oportunidades de relaciones humanas, en razón del gran número de grupos y de las interacciones necesariamente resultantes.

PROCESOS DE INTERACCION

En la sociedad los seres humanos se hallan en mutua interdependencia y relación; entendida esta última como el lazo o vínculo que existe entre las personas y los grupos. El contacto recíproco. La comunicación y la interacción son tan esenciales para el individuo como para el grupo, de tal manera que sin ellas la persona difícilmente viviría y el grupo, de tal manera que sin ellas las personas difícilmente vivirían y el grupo dejaría de funcionar.

Las relaciones no se limitan solamente a los vínculos familiares o a las de parentesco, sino que influyen también las relaciones dentro de las empresas, escuelas, iglesias, partidos políticos, equipos deportivos, etc.

Ahora bien las relaciones funcionan de varias formas. Es decir influyen varias maneras de comportarse. Algunas de estas son positivas y otras negativas

ACTITUD: Es una manifestación externa de la disposición o estado de ánimo.

Las positivas: Son aquellas que demuestran justicia, armonía y amistad.

Las negativas: Son aquellas que demuestran injusticia, enemistad y discordia.

Formas positivas de interacción

Cooperación: Es una forma de relación social en la que más de 20 personas actúan conjuntamente para lograr los objetivos propuestos. Es decir, cada integrante del grupo desempeña sus funciones de la mejor forma posible para que la imagen y prestigio del grupo, o compañía se vean beneficiados.

Ejemplo: El turno que efectúo, procuro prestar el servicio de vigilancia y seguridad de la mejor manera posible, para dejar en alto mi imagen y la imagen de la compañía.

Llego puntual a recibirle el puesto al compañero consciente de que él también necesita descansar.

La cooperación necesita

Lealtad al grupo
Responsabilidad en el cumplimiento de las funciones
Comunicación permanente entre los miembros

Ventajas de la cooperación

Facilita el logro de los objetivos
Permite que haya armonía en el grupo
Incrementa la motivación para trabajar
El trabajo resulta menos agotador y rutinario, al trabajar con sentido

Acomodación: Es un proceso de adaptación que permite a las personas continuar sus actividades aun sin estar en completo acuerdo de opiniones.

Ejemplo: Algunos de los compañeros que tengo en el puesto no son de mi total agrado por su forma de ser. Sin embargo. Me acomodo a la situación para impedir o reducir los conflictos.

La acomodación es un medio de vivir en paz. De coexistir, que promueve en ocasiones la cooperación, entre los miembros. En otras palabras, modifico mis pautas de comportamiento con el fin de acomodarme a las de mis compañeros.

Ventajas de la acomodación:

Favorece la Cooperación
Eleva la calidad de vida laboral
Disminuye los conflictos

Asimilación: Es un proceso por el que dos o más personas o grupos aceptan y realizan las pautas de comportamiento del círculo social al que ingresan.

Aun cuando está planteado de esta forma se debe pensar que es un fenómeno unilateral. Al contrario, es una relación de interacción en la que ambas partes actúan recíprocamente; la persona que llega a la cultura y el grupo o persona que la recibe y la acepta.

Ejemplo: La persona que ingresa a una empresa de seguridad con el propósito de prestar un servicio, debe empezar por asimilar la cultura de la compañía, lo cual incluye aprender la política interna, las consignas generales y específicas, el funcionamiento, etc.

A su vez los empleados antiguos están en él deber de aceptar al nuevo vigilante y en lo posible colaborarle para que este proceso se lleve a cabo de la mejor manera posible, logrando que la persona logre rápidamente se sienta identificada y se contagie de la cultura de su empresa. En otras palabras, es darle una cordial bienvenida y motivarle hacia su trabajo en la compañía. Esto se aplica no solo a la persona que ingresa a una empresa de seguridad; incluye además al vigilante que llega por primera vez a un puesto.

La asimilación necesita:

Actitud abierta y sanan de las partes

Aceptación voluntaria de participar en el proceso
Madurez y rectitud de ambas partes
Lealtad hacia las políticas de la Compañía

Ventajas de la asimilación

Facilita la adaptación hacia el cargo y hacia la compañía
Promueve los sentimientos de integración y cooperación
Evita el estrés y los conflictos (Calidad de Vida)

Si estos procesos se logran, con el correr del tiempo, la cultura de la Compañía se hace cada vez más sólida y los empleados con su excelente servicio marcan una pauta de diferencia con relación a las empresas donde no se han llevado a cabo.

CONFLICTOS EMOCIONALES

Conflicto: Es la forma de interacción por la que dos o más personas tratan de excluirse mutuamente, bien sea aniquilado una parte a la tras o bien reduciéndola a la reacción.

El conflicto se considera como medio para un fin. Es una relación humana recíproca en la que participan dos partes y en cuyos inicios se dan diversas formas de conducta inconformista. Estas se manifiestan con palabras, ademanes o acciones como injurias, aversiones, rivalidad, desprecio, ataques personales y físicos. El conflicto frecuentemente brota de la competencia y la oposición.

Ejemplo: Un grupo de personas que con sus actitudes e ideas buscan poner a los demás compañeros en contra de la compañía; en el fondo buscan protagonismo, suplir intereses individuales y desestabilizar el sistema laboral.

Obstrucción: Es un proceso social en el que cada una de las personas o grupos contrarios tratan de impedir que la otra logre sus objetivos, sea que ella misma desee obtenerlo o no.

A veces se la considera como una forma cortés y elegante del conflicto, dado que implica hostilidad y antagonismo, pero sin atacar directamente y de frente al contrario.

Ejemplo: Esta se presenta bajo muchas formas y se manifiesta en las tácticas consistentes en postergar, denunciar, obstaculizar y frustrar a los otros, en hacer campañas de falsos rumores y difamaciones.

LOS VALORES HUMANOS EN EL ESCOLTA

La función del vigilante es tratar con gente durante todo el turno de trabajo. Por una portería ingresa todo tipo de personal y es al vigilante a quien corresponde atenderlos, guiarlos o resolver sus inquietudes.

Todo vigilante debe poseer la formación en relaciones humanas pues son la base de su buen desempeño. Partimos de que todos tenemos ciertas aptitudes y cualidades que nos permiten trabajar con público.

Saber hasta dónde van nuestras capacidades y cuáles son nuestras debilidades es el mejor consejo para quien se vaya a enfrentar con un cargo de esta naturaleza.

OPIACEOS

La categoría de los opiáceos incluye a los derivados del **opio**, como la **morfina,** la **heroína** y los sustitutos sintéticos, como la **metadona**. Desde el punto de vista médico, la morfina es uno de los analgésicos más potentes que se conocen: de hecho se toma como referencia para valorar la potencia de otros analgésicos. Tanto el opio como sus derivados alivian la tos, disminuyen los movimientos intestinales (frenando así los procesos diarreicos) y producen un estado psicológico de indiferencia al medio. La heroína, un preparado sintetizado a partir de la morfina, fue introducida en 1898 como tratamiento para la tos y como sustituto no adictivo de la morfina. Sin embargo pronto se descubrió la intensa capacidad adictiva de la heroína, que se prohibió en muchos países incluso con fines médicos. Los consumidores refieren que la heroína produce un estado de embriaguez casi instantáneo tras su consumo.

Los opiáceos tienen efectos variables en diferentes circunstancias. En su efecto influyen las experiencias previas del consumidor y sus expectativas, así como la vía de administración (intravenosa, oral o por inhalación). Los síntomas de abstinencia comprenden temblor de piernas, ansiedad, insomnio, náuseas, sudoración, calambres, vómitos, diarrea y fiebre.

Durante la década de 1970 los científicos aislaron unas sustancias que denominaron encefalinas que son opiáceos naturales presentes en el cerebro. Muchos los consideran responsables del fenómeno de dependencia física a opiáceos aduciendo que éstos imitarían la acción natural de las encefalinas.

HIPNOTICOS - SEDANTES

Los fármacos con mayor capacidad adictiva de esta categoría son los barbitúricos, utilizados desde principios de siglo en el tratamiento de la ansiedad y como inductores del sueño. En medicina también se emplean en el tratamiento de la epilepsia. Algunos adictos consumen grandes cantidades diarias de barbitúricos sin presentar signos de intoxicación. Otros consumidores buscan un efecto similar a la borrachera alcohólica y otros potenciar los efectos de la heroína. Gran parte de los consumidores de

Efectos De Los Hipnóticos   Sedantes

Los barbitúricos, además de tener efectos semejantes al alcohol, también producen, como éste, una intensa dependencia física. Su supresión abrupta produce síntomas similares a la supresión del alcohol: temblores, insomnio, ansiedad y en ocasiones, convulsiones y delirio después de su retirada. Puede sobrevenir la muerte si se suspende bruscamente su administración. Las dosis tóxicas son sólo levemente superiores a las que producen intoxicación y, por tanto, no es infrecuente que se alcancen de manera accidental. La combinación de los barbitúricos con el alcohol es muy peligrosa.

Otros fármacos hipnótico-sedantes son las benzodiacepinas, cuya denominación comercial más habitual es el Valium. Estos se incluyen en el grupo de los tranquilizantes menores que se utilizan en el tratamiento de la ansiedad, el insomnio o la epilepsia. Como grupo, son más seguros que los barbitúricos ya que no tienen tanta tendencia a producir depresión respiratoria y están sustituyendo a éstos últimos. Por contrapartida, la adicción a los tranquilizantes se está convirtiendo en un problema cada vez más frecuente. La adicción al fármaco Halción, del grupo de las benzodiacepinas, ha obligado a autoridades de varios países a retirarlo del mercado.

ESTIMULANTES

Una droga de diseño, el 3,4-______ produce en el consumidor una intensa sensación de bienestar, de afecto hacia las personas de su entorno, de aumento de energía, y en ocasiones, alucinaciones. Los efectos adversos que provoca su consumo incluyen sensación de malestar general, pérdida de control sobre uno mismo, deshidratación, pérdida de peso y pérdida de memoria. Se han comunicado casos de muerte relacionados con el consumo incontrolado de éxtasis y otras drogas relacionadas.

Otros estimulantes cuyo abuso está muy extendido son la cocaína y la familia de las anfetaminas. La cocaína, un polvo blanco y cristalino de sabor ligeramente amargo, se extrae de las hojas del arbusto de la coca, que se encuentra en América del Sur. En medicina se emplea como anestésico en cirugía de la nariz y de la garganta, y como vasoconstrictor para disminuir el sangrado en las intervenciones quirúrgicas. El abuso de estas sustancias creció mucho en la década de 1970 y es responsable de un gran número de alteraciones fisiológicas y psicológicas. El crack es un tipo de cocaína sintética muy adictiva que surgió en la década de 1980.

Las anfetaminas aparecieron durante la década de 1930 como tratamiento de los catarros y la fiebre del heno, y más tarde se conoció su acción sobre el sistema nervioso. Durante cierto tiempo se emplearon como adelgazantes. Su única aplicación médica hoy es el tratamiento de la narcolepsia, una alteración del sueño caracterizada por episodios diurnos de sueño incontrolables por el paciente y en el tratamiento de la hiperactividad infantil, situación en la que las anfetaminas tienen un efecto calmante paradójico. En los adultos, sin embargo, tienen un efecto acelerador que les ha valido la denominación anglosajona de *speed.* Las anfetaminas mantienen al consumidor despierto, mejoran su estado de ánimo y disminuyen el cansancio y la necesidad de dormir, pero a menudo la persona se vuelve más irritable y habladora. Tanto la cocaína como las anfetaminas consumidas durante periodos prolongados, pueden producir una psicosis similar a la esquizofrenia aguda.
La tolerancia a los efectos euforizantes y anorexígenos (supresores del apetito) de las anfetaminas y de la cocaína aparece al poco tiempo. La interrupción del consumo de anfetaminas, sobre todo cuando se inyectan por vía intravenosa, produce una depresión tan profunda que el consumidor se ve en la necesidad de volver a consumirlas hasta llegar a situaciones límite.

ALUCINOGENOS

Los alucinógenos no tienen aplicación médica en la mayor parte de los países salvo quizás para el tratamiento de los pacientes agonizantes, pacientes con trastornos mentales, drogodependientes y alcohólicos. Entre los alucinógenos más utilizados en la década de 1960 destacan el ácido lisérgico de dietilamida, o LSD, y la mescalina, un derivado del cactus del peyote. La tolerancia hacia estas sustancias se desarrolla con rapidez, pero no aparece síndrome de abstinencia cuando dejan de consumirse.
La fenciclidina, o ....
práctica en los seres humanos, pero los cirujanos veterinarios lo emplean en ocasiones como anestésico y sedante para los animales. A finales de la década de 1970 se extendió su consumo humano, en parte por culpa de la facilidad con la que se sintetiza en laboratorio. Sus efectos difieren de los demás alucinógenos. El LSD, por ejemplo, produce distanciamiento y euforia, intensifica la visión, y produce el fenómeno conocido co.............
embargo produce distanciamiento y disminución de la sensibilidad para el dolor;

semejante a un brote de esquizofrenia aguda que confundiría incluso a un psiquiatra. La combinación de este brote con la indiferencia al dolor lleva en ocasiones a alteraciones del pensamiento que pueden traducirse en violentos comportamientos destructivos.

INHALANTES

Dentro de la categoría de los inhalantes se encuentran ciertas sustancias que no son consideradas drogas, como el pegamento, los disolventes y los aerosoles (productos de limpieza, por ejemplo). La mayoría de las sustancias inhaladas (esnifadas) con intención de conseguir un efecto psicológico tienen una acción depresora sobre el sistema nervioso central. En dosis bajas pueden tener un leve efecto euforizante, pero en dosis superiores el consumidor pierde el control o la conciencia. Los efectos aparecen en el acto y pueden permanecer hasta 45 minutos. El dolor de cabeza, náuseas y mareo vienen a continuación. La inhalación de estas sustancias es nociva para la visión, el pensamiento y el control de los músculos y de los reflejos. A veces se producen lesiones permanentes y algunos aerosoles concentrados pueden producir la muerte. Aunque no es probable que se desarrolle dependencia física, sí aparece tolerancia en ocasiones. Otros productos cuya generalización ha alarmado a las autoridades sanitarias son los denominados *poppers,* de supuesto efecto afrodisiaco, como el nitrato de isoamilo, que se emplea en medicina como dilatador de los vasos sanguíneos. La inhalación prolongada de estas sustancias puede lesionar el sistema circulatorio y tener efectos nocivos relacionados con ese sistema.

Tratamiento

Excepto en el caso de la dependencia a opiáceos, las prestaciones médicas más habituales en el contexto de las toxicomanías se limitan casi siempre al manejo de los problemas de sobredosificación, reacciones adversas a la ingesta de tóxicos o las eventuales complicaciones derivadas del consumo de drogas, como la malnutrición o las enfermedades provocadas por el uso de jeringuillas sin esterilizar. Los consumidores de barbitúricos o anfetaminas pueden precisar ingreso en un centro de desintoxicación como en el caso de los alcohólicos. Cualquiera que sea el tóxico responsable de la dependencia, el objetivo de la mayor parte de los programas de tratamiento es la abstinencia.

Los programas de deshabituación a opiáceos son sobre todo de dos tipos. La filosofía de las comunidades terapéuticas es implicar al toxicómano en la resolución de su problema. Se le considera una persona inmadura emocionalmente a la que debe ofrecerse una segunda oportunidad para desarrollarse. Las situaciones conflictivas con otros miembros de la comunidad son muy frecuentes. El apoyo mutuo, el mejorar de categoría dentro de la comunidad y ciertas recompensas son los estímulos al buen comportamiento.

La otra forma de deshabituación a opiáceos consiste en la administración de sustitutos de la heroína. Uno de ellos es la metadona, que tiene un efecto más retardado que ésta, pero también crea adicción. Se trata de ir abandonando el consumo de heroína mientras se elimina la necesidad de tener que c........
sustancia más reciente es la naltrexona, que no es adictiva y que bloquea el estado de embriaguez que se percibe con el uso de la heroína. Como contrapartida, no puede emplearse en pacientes con problemas de hígado, frecuentes entre los toxicómanos.

COCAINA

Alcaloide que se obtiene de las hojas de la planta de la coca y que se emplea con fines médicos como anestésico local. También posee un uso muy extendido como droga. Las culturas del imperio Inca masticaban las hojas de la coca para obtener una leve euforia, estimulación, y un estado de alerta. Este fármaco fue aislado por primera vez en 1855 y se utilizó como anestésico local en cirugía menor. En la actualidad, se emplean en su lugar anestésicos locales, como la lidocaína, con una potencia menor para crear adicción.

El empleo de la cocaína como droga se conoce desde hace tiempo, aunque su consumo aumentó mucho a finales de la década de 1970 y durante la de 1980. El clorhidrato de cocaína, una sal hidrosoluble, es un polvo blanco seco que se suele inhalar a través de un tubo fino que se introduce en el orificio nasal. Con menos frecuencia se inyecta en las venas. También se puede fumar en forma purificada mediante una pipa de agua o en forma concentrada cortada en bolas y colocada en un instrumento especial. Los consumidores experimentan euforia, estimulación, y disminución del apetito. También aumenta la frecuencia cardiaca, eleva la presión sanguínea y dilata las pupilas. Su uso crónico puede producir abscesos cutáneos, perforación del tabique nasal, pérdida de peso y lesión del sistema nervioso. Entre los efectos mentales nocivos se encuentran inquietud, ansiedad, e irritabilidad intensas, y en ocasiones psicosis paranoide.

COCA

Nombre común de varios arbustos de América del Sur. Es una especie de particular importancia cuyas hojas utilizan los indios de Perú y Bolivia como estimulante. Las hojas secas, que contienen cocaína y otros derivados de ésta, se mezclan con cal sin apagar o con cenizas de madera y se mastican. El arbusto se cultiva también en Sri Lanka, India y Java, además de otros lugares de América del Sur. Alcanza una altura aproximada de 1 a 2 m, con ramas rectas y hojas parecidas a las del té.

AMAPOLA

Nombre común con nnñel que se hace referencia a diversas especies vegetales del género *Papaver*. La más común y conocida es la amapola de flores rojas, típica de baldíos, cunetas, terrenos incultos y como mala hierba en cultivos de cereal principalmente. Presenta las características generales de la familia a la que pertenece y ha sido ampliamente utilizada desde antiguo. Los griegos la consideraron la flor de Afrodita, los romanos la asociaron con Ceres y en otras culturas se distinguió como símbolo de la gloria y de la muerte por el color y la fragilidad de sus pétalos. Precisamente de éstos se extraía un pigmento rojo para dar color al vino, así como para teñir lanas. Las amapolas, al igual que otras especies de la familia, contienen alcaloides como la readina y la papaverina que tienen efectos alucinógenos y pueden causar envenenamiento.

La adormidera o amapola del opio tiene flores grandes que pueden ser de color blanco, lila o púrpura; de ella se extrae el opio. Hay otras especies, pertenecientes a géneros distintos, que también reciben el nombre de amapola; entre éstas cabe citar la amapola violeta, de flores moradas; la amapola de california, de flores de color naranja o amarillo y la amapola marina o glaucio de flores amarillas.

Clasificación científica: todas las amapolas pertenecen a la familia de las Papaveráceas. Las más comunes son Papaver rhoeas y Papaver dubium,de flor roja. La adormidera es la especie Papaver sonmiferum. La amapola violeta es la especie Roemeria hybrida,, la amapola de california es Eschsholzia californica y la amapola o adormidera marina es Glaucium flavum.

EXTASIS

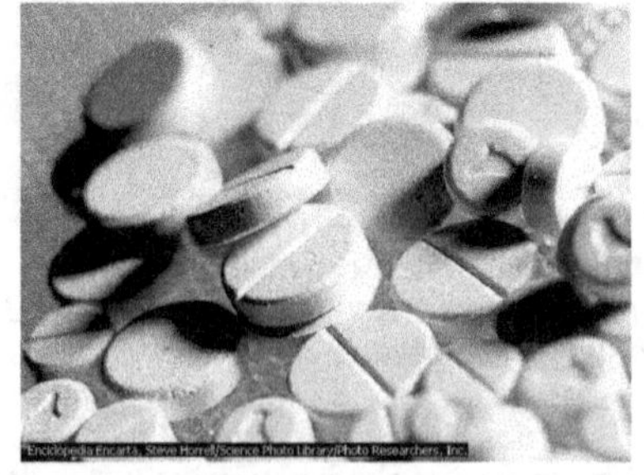

Éxtasis

Esta droga de diseño, el 3,4-metilen dioxianfetamina, más conocida como éxtasis, proporciona a sus consumidores una intensa sensación de bienestar. Sin embargo, su consumo provoca diversos efectos adversos e incluso la muerte.

ADORMIDERA

Esta adormidera muestra una cápsula verde que contiene las semillas, con una flor madura en segundo término. El opio se recoge después de que todos los pétalos de la flor han caído. Se efectúan unos cortes a lo largo de la circunferencia de la cápsula que permiten que el látex lechoso fluya y se endurezca. Después de extraer el opio en forma de goma viscosa, se puede refinar en heroína, morfina y derivados de la codeína; todos crean dependencia a los narcóticos. El opio se utiliza mucho como sedante y analgésico.D4-

ANALISIS DE PROCEDIMIENTOS DELINCUENCIALES

1. PROCEDIMIENTO DELINCUENCIAL

Es el modo en que opera la delincuencia, otra definición es: Son las técnicas y formas que la delincuencia emplea para realiza los ilícitos

2. ORIGENES DEL DELITO

Hablar de las técnicas que la delincuencia emplea es un tema bastante amplio, por ello conoceremos el origen de los delitos, que va paralelo al origen de las amenazas, las ventajas y desventajas de los diferentes orígenes, siendo lo más importante la conciencia y procedimientos que debe tener el ESCOLTA.

(1) INTERNO: Es originado por el personal que labora dentro de una organización o vive dentro de un conjunto residencial o edificio. Veamos las ventajas, desventajas que presentan el ESCOLTA y el delincuente y procedimientos para prevenir, detectar o evitar este tipo de ilícito.

DELINCUENTE

El delincuente tiene más ventajas, no requiere de una vigilancia al sitio, lo conoce a la perfección y conoce el sistema de seguridad; brinda confianza y amistad; Tiene tiempo suficiente para planear, preparar y ejecutar el ilícito, lo puede hacer continuamente.

La única desventaja aparente es que puede ser sospechoso cuando se descubre el hecho, si es que esto llega hacerse.

ESCOLTA

Para el ESCOLTA la única ventaja es que conoce al personal y sus funciones, sabiendo quien es quien dentro de la empresa, pero tiene más desventajas, como son: Rutina en su puesto; confianza y amistad con los empleados; siendo estos dos aspectos los más negativos para cumplir con sus funciones, el auto-estima de sentirse en ocasiones menos que otras personas e influye en el carácter (Personalidad) del ESCOLTA.

PROCEDIMIENTOS

Para prevenir este tipo de amenaza se deben seguir los siguientes procedimientos:
Mantener una relación laboral de seguridad con los empleados.
No tener confianzas.

Observar al personal, si es mucho, hacerlo selectivamente en la entrada y salida.
Llevar los libros de control y minuta actualizados.

Mantener al Jefe de Seguridad de la empresa o en su efecto al encargado, de los indicios y sospechas de ilícitos, recomendándole procedimientos de control que se pueden efectuar.

En coordinación con el Jefe de Operación de la empresa de vigilancia, o Jefe de Seguridad usuario, adelantar pruebas de confianza al personal de empleados de la misma.

(2) EXTERNO: Es cuando el delincuente viene de afuera, es originado por terceras personas.

DELINCUENTE

Puede obtener ciertas ventajas si se le permite, requiere de una vigilancia intensa para conocer las instalaciones, sistemas de seguridad y ganarse la confianza de los empleados y del ESCOLTA, normalmente siguen un patrón y tienen una guía para ejecutar los ilícitos, de la cual pueden o no seguirlo al pie de la letra.

GUIA DEL DELINCUENTE

SELECCIÓN DE VARIOS OBJETIVOS: De acuerdo al motivo que lo lleva a cometer el delito, seleccionan sus víctimas y objetivos. EJEMPLO: Motivo económico un asalto, atraco, robo o un secuestro en otros, si es de presión un atentado terrorista, un secuestro, amenazas etc. Analizan sus motivos y posibles víctimas y proceden hacer una Vigilancia.

VIGILANCIA: Los tipos de vigilancia que desarrollan los delincuentes son Fijos y móviles, empleando para ello tres tipos de técnicas, así: **FACHADA:** Es un disfraz que emplean asumiendo diferentes tipos de personajes, desde un reciclador hasta un gran ejecutivo de empresa, son las personas encargadas de conocer los dispositivo de seguridad y el rol de una empresa en su interior, la rutina y controles.

INFILTRACION: Cuando alguien de la organización de delincuentes entra a laborar en el objetivo, personal temporal, reemplazos, contratistas o sub-contratistas.
PENETRACION: Esta técnica requiere de un mayor trabajo y no siempre es segura para la organización de delincuentes, es hacer cambiar de mentalidad, principios morales y éticos a una persona que este laborando dentro del objetivo mediante engaños y artimañas, de no lograrse conocen las debilidades de esa persona e inician a presionar para que colabore y suministre información.

RECOLECCION DE LA INFORMACION Y ANALISIS: En forma simultánea con el punto dos, inician a recoger la información obtenida, montando una maqueta y/o organizando la información, determinando puntos vulnerables, procedimientos, accesos, personas que laboran y sus actividades personales, rutas de acceso, edificaciones, sitios de frecuencia, viviendas, autoridades, etc. y analizan la información.

TOMA DE DECISION: De acuerdo al análisis realizado a la información determinan que paso seguir o cambiar de objetivo, viene la toma de la decisión.

PLANEAMIENTO: Si la decisión tomada es continuar con la acción, viene el planeamiento, que comprende determinar qué es lo que van hacer, como lo van hacer, quienes van a participar, que medios van a utilizar, como lo van hacer, lugares de reunión, escondites, sitios alternos, claves, rutas de escape, hora y fecha de la acción.

EJECUCION: Antes de entrar en acción realizan entrenamientos en sitios similares al objetivo real, visitan el objetivo para familiarizarse con el entorno y conocer al detalle el sitio, empleando su mejor arma la SORPRESA.

La anterior guía puede tener variaciones, omitir algún punto, agregar puntos o modificar su orden.

ESCOLTA

Las ventajas del ESCOLTA es que conoce el sitio de trabajo, puede detectar mediante la contra/ vigilancia al delincuente.

PROCEDIMIENTOS

Para detectar este tipo de delito se requiere por parte del ESOLTA seguir los siguientes procedimientos:

Observar en todo momento su entorno y el interior, personas y actividades, vehículos, ventas ambulantes, retener esta información.

Cualquier indicio, comunicarlo al superior, si es necesario tomar contacto con las autoridades.

No dejarse abordar de personas extrañas y empleados, para no dejarse sorprender y no perder la visibilidad.

Tener un plan de acción a seguir, un campo de tiro y la protección adecuada.

(3) COMBINADO :

Es cuando se presentan alianzas entre el externo e interno, siendo cualquiera de los dos el iniciador, COMBINADO INTERNO: Cuando el delincuente trabaja dentro de una organización y recurre a un terceros que viene de afuera para que cometan el ilícito, suministrándoles la información y preparándoles el terreno. COMBINADO EXTERNO: Cuando el delincuente de afuera, mediante vigilancia determina a un trabajador de la empresa y le propone la alianza.

TIPOLOGIA DEL TERRORISMO:

El Terrorismo se puede usar en varias situaciones y dirigida hacia diferentes objetivos:

REVOLUCIONARIO: El terror usado como instrumento para derrocar a un gobierno.

SUB-REVOLUCIONARIO: El terrorismo usado para ganar influencia dentro del gobierno.

REPRESIVO: El uso del terror en contra de sectores de la sociedad, grupos étnicos, o grupos religiosos (KU KLUX KLAN).

De esta Tipología se desprenden las siguientes características de terroristas: CRIMINALES - DEFENSORES POLITICOS - TERRORISTA SICOPATAS SEPARATISTAS - MARXISTAS REVOLUCIONARIOS - ANARQUISTAS MERCENARIOS IDEOLOGICOS - TERRORISTAS CONTRA-TERRORISTAS TERRORISTAS NEO-FASCISTAS - ULTRA DERECHISTAS - TERRORISTA DEL ESTABLECIMIENTO - FANATICOS RELIGIOSOS - NARCO TERRORISTAS.

ESTRUCTURA DE LAS ORGANIZACIONES TERRORISTAS (O.T.)

La mayoría de las O.T. están estructuradas para operar en células pequeñas, de difícil infiltración, lo que permite el compartimiento de sus actividades, por lo que poco se conoce de la Estructura - Seguridad y Comunicaciones, están organizadas por las siguientes secciones:

SECCION DE INTELIGENCIA
SECCION LOGISTICA O DE APOYO
SECCION DE ASALTO

FACTORES GENERADORES DE LA VIOLENCIA

IMPUNIDAD - POBREZA - CORRUPCION - DESEMPLEO -
APATIA SOCIAL - FALTA DE EDUCACION MORAL -

CLASIFICACION DE ACTOS TERRORISTAS

EMPLEO DE ATENTADOS CON A.E.I.: (Bombardeo) Es la acción que realizan los criminales como son: Amenaza de Bomba - Activación de bombas y cualquiera de los siguientes actos.
SABOTAJE: Se denomina Sabotaje al daño que se pueda ocasionarse en forma premeditada a una empresa, destruyendo o dañando, maquina, vehículo, materia prima, documentación.

SECUESTRO: Privar de la libertad a un individuo, retener u ocultar a una persona con el propósito de exigir por su libertad un provecho o cualquier utilidad o, con otros fines cualquiera que estos sean.

EXTORSION: El que constriña (obligar) a otro a hacer, tolerar u omitir alguna cosa, con el propósito de obtener provecho ilícito para sí o para otros.
ASESINATOS: El que mata a otro (Homicidio), y que su finalidad sea el de atemorizar una porción de la población civil o autoridades, se enmarca dentro del terrorismo.
ASALTOS ARMADOS: Técnica empleada por delincuentes o terrorista, dirigido a instalación u objetivos puntuales, con violencia sobre las personas o las cosas, colocando a las víctimas en inferior de condiciones, mediante penetración o permanencia arbitraria, engañosa o clandestina y cuyo objetivo sea el buscar un provecho ilícito para sí o para otros.

EMBOSCADAS: Técnica empleada por terroristas, mediante sorpresa o engaño, empleando armas pretenden impedir transitoriamente el libre funcionamiento del Régimen Constitucional. (Sedición) (Especialmente dirigido a miembros de la Fuerza Pública).

AMENAZA: Suscitar pánico o miedo, por medio de escritos, llamadas telefónicos u otros medios.

ESTRUCTURA DE LAS ORGANIZACIONES TERRORISTAS (O.T.)

Desde una perspectiva general es posible sostener que el terrorismo es un método cuyo objetivo es sembrar el terror para establecer un contexto de intimidación, generar pánico, producir histeria y miedo. Es preciso mencionar que de acuerdo con la Resolución 1373 del Consejo de Seguridad de la ONU, todo acto de terrorismo internacional es *una amenaa a la paza la seguridad Internacionales* . Además, los actos terroristas ponen en peligro la vida y *el bienestar de las personas* en todo el mundo (Resolución 1269 del Consejo de Seguridad de la ONU).

En este sentido, el concepto de terrorismo incluye los siguientes elementos:
Secreto (en particular, secreto en la preparación).
Operación encubierta.

Busca liquidar el orden y el respeto a la autoridad (w).
El terrorismo se legitima si se le responde mediante la comisión de actos terroristas.

COMO IDENTIFICAR AL TERRORISTA

Generalmente es una persona joven y forastera.
Es desconfiado y no deja revisar sus pertenencias, adopta una posición de nerviosismo.
Estudia y pasa frecuentemente por el lugar donde piensa colocar el artefacto
Los paquetes que porta son de poco tamaño.

La mayoría de las O.T. están estructuradas para operar en células pequeñas, de difícil infiltración, lo que permite el compartimento de sus actividades, por lo que poco se conoce de la Estructura - Seguridad y Comunicaciones, están organizadas por las siguientes secciones:
SECCION DE INTELIGENCIA
SECCION LOGISTICA O DE APOYO
SECCION DE ASALTO

FUENTES DE FINANCIACIÓN

Las FARC. Obtienen sus finanzas mediante la extorsión, el secuestro, el gramaje (porcentaje de la coca procesada) la "vacuna ganadera" e industrial en las ciudades que manifiesta tener.

PROCEDIMIENTOS DELICTIVOS

Las FARC vienen poniendo en práctica entre otros los siguientes procedimientos:

Para los desplazamientos de cuadrilla, se organizan en cuatro (4) grupos denominados "grueso, avanzada, retaguardia y flancos derecho e izquierdo".

Los vehículos propios de la organización guerrillera en ningún momento son empleados para el desplazamiento de bandoleros (se obliga a los del área).

Algunos integrantes de las redes urbanas, son bandoleros (raídos directamente de las cuadrillas.

Para desplazamientos nocturnos, generalmente los grupos de bandoleros vienen empleando los caminos y zonas descubiertas.

Para llevar a cabo la comunicación entre las diferentes cuadrillas y con el estado mayor, emplean el radio marca YAESU- F-77

DEBILIDADES

La vinculación de algunos de sus integrantes en la realización de delitos comunes y las alianzas hechas con los grupos de narcotraficantes les restará imagen e importancia en la opinión nacional.

La imposición de métodos y técnica que van en contra de la voluntad de los campesinos e indígenas como el reclutamiento forzoso, va incidir directamente en la moral disciplina de la organización.
Aplicación drástica de los estatutos reglamentos de la organización por algún cabecillas de cuadrillas, han incidido en la deserción y abandono de algunos de sus integrantes.

El grupo está perdiendo base político ideológica a raíz de los cambios en el comunismo internacional.

CARACTERISTICAS PERSONALES DE LOS TERRORISTAS

La constante preocupación por estudiar y conocer el fenómeno terrorista, ha llevado a los investigadores a precisar las características personales del terrorista, se destaca entre ellos el profesor Ferracuti, quien precisa: "En muchos casos los terroristas son solitarios, han quedado huérfanos a temprana edad, han tenido fracasos profesionales o educativos, sin personas que han tenido algún problema en el hogar o problema de ajuste con la vida, con la sociedad o inclusive problemas originados en su cerebro.

Por lo general provienen de la clase media, con un nivel superior al promedio. A menudo son atormentados por sentimientos de culpa.

Swanson, Bohnert y Smith sistematizan los rasgos de los autores de la muerte de los presidentes norteamericanos en los siguientes apartados :

1. Los asesinos eran desplazados desde un punto de vista nacional:
a. Cuatro era emigrantes
b. Tres eran hijos de emigrantes
c. Uno había desertado de su país.
2. Los asesinos eran producto de constelaciones familiares deterioradas. Todos se separaron de uno de ambos progenitores antes de los 14 años.
3. En cada caso existía una alta incidencia de trastornos psiquiátricos a nivel familiar. Cuatro de los asesinos tenían padres sicóticos y dos madres sicóticas.
4. Durante la infancia se había puesto de manifiesto en todos los casos la existencia de una personalidad esquizoide o agresiva.
a. Cinco fueron tímidos, retraídos, obedientes
b. Tres eran rebeldes, indómitos y tendientes a las explosiones temperamentales.
5. Los asesinos eran de baja estatura, todos eran delgados y median entre 1.50 y 1.65 metros.
Todos tuvieron una mala adaptación familiar
6. Todos tuvieron una mala adaptación heterosexual
Seis eran solteros - Dos estaban separados o divorciados
7. Todos eran diagnosticables como paranoides en el momento de cometer el homicidio
Siete eran esquizofrénicos paranoides.
Uno era de personalidad paranoide con episodios sicóticos

PROPOSITOS DEL TERRORISMO

Forzar concesiones específicas tales como: pagos de rescate, liberación de prisioneros, etc.

Obtención de publicidad, el terrorista esperan llamar la atención hacia su causa para proyectarse como una fuerza con méritos de ser reconocida. La publicidad ganada con los actos amenazantes de violencia, la atmósfera de miedo y la alarma creada hace que la gente exagere la importancia y la fuerza de los terroristas y su movimiento.

Causar y expandir el desorden, desmoralizar la sociedad y romper por completo el orden social existente.

Provocar deliberadamente la represión, las represalias y las acciones de contraterrorismo con la cual finalmente se puede conducir el colapso de un gobierno que no es popular. Ejemplo: actos deliberantes como secuestros de diplomáticos o la violencia indiscriminada contra civiles, diseñada para colocar al gobierno en situación embarazosa y empujarlo a reaccionar con mano dura. El gobierno puede así ser inducido por los terroristas a su propia destrucción.

Asegurar obediencia y cooperación. Ejemplo: los desertores son raptados y misteriosamente asesinados, los disidentes son arrestados a media noche, la gente desaparece y las torturan se expanden, y como en otras formas de terrorismo, el objetivo se obtiene en la audiencia.

El terrorismo frecuentemente tiene el significado de castigo. Los terroristas a menudo declaran que la víctima de su ataque, sea persona u objeto, es en alguna forma culpable o es el símbolo de algo que ellos consideran culpable. Las víctimas de la masacre del aeropuerto de Lod en 1.972, muchas de las cuales eran peregrinos cristianos de Puerto Rico, se dijo por parte de la organización Palestina responsable del ataque, que eran culpables porque habían llegado a Israel con visas de Israel y por consiguiente hablan reconocido en forma tácita aquel estado declarado enemigo de los Palestinos y que al llegar a Israel habían entrado simplemente a una zona de guerra.

HISTORIA TERRORISTA

El terrorismo no corresponde solo a nuestro siglo, al hacer una retrospección, se registran los siguientes momentos que causaron terror y destrucción de incontables vidas.

TERRORISMO JACOBINO

Propone la violencia como instrumento de poder. En el siglo XVIII el Jacobinismp pretendió por medio del terror destruir así propia religión y cultura, fue esta la llamada "República del Terror", en donde la persecución sangrienta y el cruento anticristianismo eran la nota cotidiana. La guillotina erigida en la entonces llamada "Plaza de la República", constituyó signo y práctica de la forma mediante la cual los Jacobinos se hacían obedecer y gobernaron durante una década de tiranía destructiva. Entre los hechos sangrientos más crueles de la primera época del Terrorismo Jacobino figura el de la ejecución de las monjas carmelitas de Compiégne.

TERRORISMO ANARQUISTA

El anarquismo o nihlibismo del siglo XIX comprendió al diabólico designio de no sólo destruir por terror las creencias religiosas y la nobleza europea, sino también aniquilar la noción de patria, autoridad y de propiedad. Nació en Rusia ha mediado a del siglo Pasado con el asesinato del Zar Alejandro II en 1.881.   (El nihilismo era palabra usada en Francia antes de 1.848).

Los anarquistas premeditaron y pretendieron destruir por completo las bases fundamentales de nuestra civilización para reemplazarlas por otras nada claras ni precisas.

TERRORISMO BOLCHEVIQUE

En 1. 917 Lenín se alió a TrotsKy y los dos formando parte de la dirección del partido Bolchevique, arrojaron del gobierno ruso a Kerensky. Una vez efectuada con violencia, en octubre de ese año esa primera purga y vencidos los rusos blancos levantados en armas, capitaneados por los Generales Denikin y Wrangel para derrocar a Lenin, éste desató en su patria el más cruel Terrorismo para imponer la tiranía bolchevique.

La familia real fue bárbaramente ejecutada junto con el Zar Nicolás II, las Penas de muerte y el destierro se aplicaron a granel a quienes fueron considerados adversarios políticos. El terror reinó en toda Rusia. La religión cristiana quedó proscrita. Se estableció el trabajo general obligatorio. Se pretendió destruir la institución de la familia facilitando los divorcios Y los abortos y tratando de quitar a las mujeres el sentimiento burgués de maternidad la libertad y los derechos humanos desaparecieron.

Quedó impuesto un feroz despotismo y una centralización absoluta en materia política. El nuevo Estado, creado en Rusia por la Constitución del 10 de Julio de 1.918, tomó el nombre de la Unión de las Repúblicas Socialistas Soviéticas y enseguida buscando extender el ámbito de su dominio por el mundo entero, incitó a los obreros, estudiantes, soldados y campesinos de todas las naciones a comenzar una feroz lucha de clases. Lenín fundó en Moscú, la llamada tercera internacional destinada a propugnar e imponer en todos los países, la dictadura del Proletariado, para llegar a la abolición de las clases sociales y a la destrucción de ese instrumento de opresión y explotación que es el Estado y de ese opio del pueblo que es la religión.

TERRORISMO MARXISTA-LENINISTA

A la muerte de Lenin, dos de sus discípulos se trazaron lucha por sucederlo, Trotsky y Stalin, los dos querían reemplazarlo en la aplicación en Rusia de la doctrina marxista-leninista y proseguir bajo el signo de esa doctrina en el Terrorismo Bolchevique.

Aparte de sus propias ambiciones personales de ser ambos los amos de Rusia. Había entre ellos discrepancias respecto de cómo llevar adelante la revolución Bolchevique.

Para Trotsky al igual que lo había pensado Lenin, el comunismo ruso solo podría sobrevivir si la revolución de su país se convirtiera en una revolución mundial

En cambio Stalin sin renegar por completo de la idea de la revolución mundial, la relegaba aun segundo plano por considerarla de imposible realización en su época (década 20) y propugnaba que por el momento lo urgente era realizar, lo por él llamado comunismo en un solo país.

TERRORISMO NACIONAL SOCIALISTA

El nacional - socialismo, más conocido en la historia con el nombre de nazismo, tuvo coro líder indiscutido, desde que comenzó a actuar en Baviera a: Adolfo Hitler.

Comenzó su carrera política en 1.919, carrera que en diez (10) años lo situó de simple cabo del ejército Alemán a Führer (amo absoluto de toda Alemania). Luego de las Campañas de anexión de Austria, Checoslovaquia y Polonia y la invasión de Bélgica, Holanda, Hungría, Noruega Francia y Yugoslavia, Rumania, Grecia, Norte de África, países Bálticos y gran parte de Rusia Oriental, Hitler quedaría convertido en dueño de casi toda Europa.

Hitler demostró ser siempre el mismo Personaje siniestro y el Terrorismo nacional, socialista que él implantó sobrepasó en horrores cometidos a los otros terrorismos europeos anteriores. Si bien es cierto los Jacobinos y los Bolcheviques se especializaron en cometer torturas, asesinatos y ejecuciones a granel, ellos actuaron dentro de las fronteras de sus países (Francia y Rusia), mientras que el terrorismo nazista, no sólo ejerció en Alemania sino en muchos de los países que Hitler dominó; terrorismo impulsado hasta su máxima expresión de 1.933 a 1.944.

Hitler declaraba que odiaba al Parlamento Alemán y a los parlamentarios y que cuando llegara al poder destruiría la República.

EL CONFLICTO ARABE - ISRAELI

Palestina, franja de tierra dividida por el río Jordán en la región que los judíos llaman protegida por Dios a su pueblo, vio surgir el terrorismo, después de la segunda guerra mundial. Conflicto originado a raíz de la constitución del Estado de Israel.

PRINCIPALES GRUPOS TERRORISTAS

A continuación veremos un perfil aunque no muy profundo de las principales organizaciones terroristas del mundo. En la mayoría de los casos, como lo dijimos anteriormente son grupos pequeños.

TUPAMAROS DEL URUGUAY

Derivan su nombre del Príncipe Inca Túpac- Amaru, capturado y ejecutado por los españoles luego que en 1.780, desatara una rebelión armada en su contra.

Los Tupamaros sostuvieron una lucha en el Uruguay sólo durante unos cuantos años terribles del siglo *XX.* Su movimiento de Liberación Nacional (MLN) surge de una escisión del partido socialista uruguayo en 1.962 y sus primeras incursiones las realizó en 1.963, en un país afortunadamente libre de la injusticia desatada y la miseria que prevalecía en América Latina.

Los Tupamaros nunca lograron avanzar mucho en los sindicatos, aunque no dejaron de intentarlo. Eran marxistas radicales, entregados al cambio revolucionario profundo que se inició, claramente con buenas intenciones.

Al igual que los revolucionarios de la clase media en todas partes, se sentían impulsados por un sentido firme de culpabilidad social, en su fase inicial actuaron como Robín Hood quitándole a los ricos para darle a los pobres, pero en 1.969 su líder Raúl Sendic dispuso la organización de la guerra de guerrillas, a partir de 1.970, los Tupamaros lanzaron bombas, incendiaron, robaron, secuestraron y mataron con un despliegue asombroso de energía, capacidad inventiva y desafío.

FARC (FUERZAS ARMADAS REVOLUCIONARIAS COMUNISTAS) COLOMBIA

Nacen formalmente hacia el año 1.964, cuando se realiza la primera conferencia del Bloque Sur de Colombia, que unificó en la nueva organización a todos los destacamentos guerrilleros que operaban en esa región. Sus orígenes se remontan a los años 40.

Su máximo jefe MANUEL MARULANDA VELEZ, conocido también como TIROFIJO, se vinculó a la lucha guerrillera en 1.949, cuando pasó a engrosar los pequeños grupos de liberales rebeldes.

En 1.950 participó en la organización de toda una cadena de destacamentos que crecieron por la masiva vinculación de liberales y comunistas.

En 1.951 entró en relaciones con el partido comunista, declarando MARULANDA en años posteriores: "Nos venimos guiando por las orientaciones del único partido que ha estado con nosotros siempre, el partido Comunista y lo seguimos haciendo invariablemente.

Sus objetivos de lucha los enmascaran en propuestas de programas que contemplan transformaciones en la estructura económica y política de la sociedad.

Luchan contra el imperialismo norteamericano, el capitalismo financiero, los monopolios y los altos mandos militares que no quieren permitir que en el país haya amplias libertades democráticas.

Inicialmente sur medios de lucha eran los propios de las guerrillas, poco a poco fueron incursionando en actividades terroristas, llevando su lucha del campo a la ciudad, logrando intimidar a la población y sembrar el caos; no solamente en el campo sino en ciudades y carreteras del país.

EUSKADI TA ASKATASUNA-ETA: ESPAÑA

Su primera aparición ocurre en 1.968; el Número de miembros es aproximadamente de ochocientos hombres; su área operativa, España y Sur de Francia; sus tácticas: los asesinatos, secuestros, atentados, sabotajes, robo de armamento y atracos.

Su orientación política se define como movimiento revolucionario de liberación nacional, antiimperialista y anticapitalista. Sus objetivos son la Policía Nacional, la Guardia Civil, las Fuerzas Militares, Políticos, Empresarios, Industriales, e intereses franceses en España.

FUERZAS POPULARES DEL 25 DE ABRIL (FP-25) PORTUGAL

Aparece por primera vez en abril de 1.980; cuenta con unos 50 miembros, su área operativa Portugal; tácticas: bombas contra propiedades, atentados de bajo riesgo contra objetivos no protegidos. Su orientación Política antiimperialista, anti-Estados Unidos, anti-OTAN (Organización Tratado Atlántico Norte) y anticapitalista; las acciones de protesta de los trabajadores en huelgas y manifestaciones. Sus objetivos son los industriales y grandes terratenientes, policía Y diplomáticos extranjeros.

EJERCITO REPUBLICANO IRLANDES (IRA) IRLANDA E INGLATERRA

Aparece en 1.914; tiene aproximadamente 50 miembros; su área está en Irlanda del Norte e Inglaterra; tácticas: los atentados, guerra de guerrillas sabotajes y asesinatos.

Su orientación Política representa a la minoría católica opuesta a la mayoría protestante; busca la unión de la República de segregando al ULSTER de Gran Bretaña; sus objetivos: las tropas Británicas, Policías, interés, protestantes unionistas y autoridades Británicas.

CELULAS COMUNISTAS COMBATIENTES (C C C) BELGICA

Su Primera aparición ocurre en octubre de 1.984; el número de miembros es de aproximadamente de cincuenta hombres; su área operativa está en Bélgica; tácticas: bombas diseñadas para causar daños en propiedades y atentados de bajo riesgo contra objetivos no protegidos. Su orientación Política anticapitalista y antiimperialista; se opone a la instalación de misiles tipo crucero de Bélgica; sus objetivos son las multinacionales norteamericanas relacionadas con misiles crucero y Pemchin II y oleoductos de la OTAN.

CELULAS REVOLUCIONARIAS (C 2 ALEMANIA FEDERAL)

Aparece por primera vez en 1.973; tiene unos setenta hombres; su área operativa Alemania Federal; tácticas: bombas - e incendios contra objetivos desprotegidos, política: anti-OTAN y anti-nuclear. Sus objetivos son multinacionales y objetivos militares norteamericanos, instalaciones nucleares, estaciones de policía, bancos alemanes, empresas relacionadas con la defensa y el sector de la informática.

FRACCION DEL EJERCITO ROJO (R.A.F) EUROPA OCCIDENTAL

Su primera aparición ocurre en mayo de 1.972; el número de miembros se calcula en cuarenta hombres; su área operativa Europa Occidental, principalmente Alemania Federal, Bélgica, Holanda, Francia, Austria y Suiza; sus tácticas, los asesinatos, secuestros y artefactos explosivos por control remoto. Su orientación política es anticapitalista y antiimperialista. Sus objetivos son los líderes políticos, industriales alemanes de alto nivel y personalidades norteamericanas.

BRIGADAS ROJAS (BR) ITALIA

Su primera aparición en 1.970; los integrantes rueden ser unos setenta y cinco hombres; su área operativa Italia; tácticas: asesinatos, secuestros, robo a mano amada y atentados contra objetivos claves: suelen marcas a sus víctimas con un tiro en la rodilla. Su orientación política, antiimperialista, anticapitalista y anti-OTAN. Sus objetivos son los industriales, policías, militares, políticos, periodistas, oficiales de la OTAN, militares norteamericanos y diplomáticos.

BANDA BAADER MEINHOF (ALEMANIA)

Surge en la década del 60, cuando Andreas Baader y Ulrike Meinhof unieron sus fuerzas para aplastar a la burguesía alemana y cuando los Tupamaros de Berlín Occidental acabaron de iniciar su programa bombas para la paz.

EJERCITO ROJO JAPON

Tuvo el punto máximo de su gloria en los grandes levantamientos estudiantiles de 1.968 y 1.969, en esta época tenía aproximadamente cuatrocientos seguidores izquierdistas violentamente revolucionarios y un dominio hipnótico sobre el público.

Después de una visita de George Habash a Corea en 1.970 son invitados para que participen en empresas conjuntas y una unidad internacional japonesa, bajo los auspicios de la PFLP en Beirut.

EJERCITO DE LIBERACION NACIONAL (E.L.N.) COLOMBIA

Nació con diez y siete hombres al mando de Fabio Vásquez Castaño, ha sido el grupo más radicalista y violento del País. Desde su nacimiento se ha dedicado solamente al terrorismo, especialmente contra la Fuerza Pública y las empresas petroleras que funcionan en Colombia. Fue dirigido por un cura españ__

RECOMENDACIONES PREVENTIVAS DE UTILIDAD GENERAL

Cada jefe de oficina o dependencia debe mantener un listado de los sitios más probables donde un terrorista podría colocar una bomba. Este listado debe incluir:

Columnas de los ascensores
Accesos a las tuberías
Áreas de almacenamiento
Cuartos de archivo y correo
Cielos rasos
Tableros de control
Depósito inflamable
Panales y estantería
Baños, puertas y ventanas
Áreas de servicio, closets, etc.
Válvulas de gas o combustibles.
Cajones en general.

Esta lista no es completa, pero sirve de guía para mantener cierto grado de vigilancia sobre estos sitios y puede ser de ayuda para personal de búsqueda. Además de lo anterior, a nivel general, se debe informar a todo el personal sobre el contenido de las siguientes medidas de prevención en la lucha contra los agentes terroristas:

Medidas preventivas de ejecución permanente dentro de una instalación:

Establecer la requisa de paquetes que entran a áreas críticas o sensitivas.
Desarrollar la actitud de la seguridad para reportar personas sospechosas u objetos dudosos.

Establecer un programa de inspecciones periódicas. Esto puede hacerse como una tarea más de la inspección de aseo para no levantar suspicacias.

Comprobar la seguridad de los accesos a las áreas claves como: computadores, calderas, cuartos de correo, comunicaciones, cuartos de control, salas de máquinas y closets.

Verificar los procedimientos de manejo de las llaves y asegurarse de que las puertas de incendio o de emergencia estén funcionan correctamente.
Comprobar la vigencia, localización y estado de funcionamiento de los extinguidores.

Inspeccionar las zonas de despacho, recibo de materiales, garajes y parqueaderos.

Disponer una protección adecuada para los documentos de valor.
Inspeccionar las mallas protectoras, los sistemas de alarma e iluminación. Proteger las ventanas de los pisos bajos con enrejado.

Ordenar mantener sacos de arena y colchones que son de mucha utilidad en caso de localizarse el artefacto explosivo. Una frazada anti-explosivos disminuye el efecto de la onda explosiva

Instalar un CCTV en los sitios claves es un excelente disuasivo para el terrorista.
Instalar los detectores de metales y explosivos en la portería principal es una buena práctica.

Mantener linternas de mano, baterías y algunos reflectores.
Colocar avisos cono: .   ___

Las entradas y salidas se pueden modificar con un gasto mínimo con el fin de canalizar a todo el personal a través de un punto de registro y control.

Las personas, a la entrada, deben firmar un registro indicando la persona a quién van a visitar. Luego deben pasar a una sala de espera, mientras el portero hace el anuncio. El empleado visitado debe salir a la sala y conducir al visitante a su oficina. Al salir, el empleado debe firmar la boleta de entrada indicando la hora de salida. Este procedimiento puede resultar tedioso para el público, pero, si se le explica que se ejecuta por su propia seguridad, de seguro terminará por ser aceptado.

CONTROL DEL PANICO

El pánico es un miedo súbito, irracional e histérico que se propaga rápidamente. El pánico es producido por el miedo, a pesar de que quienes lo padecen no sepan por qué tienen miedo. La gente trata de reunirse y correr en una sola dirección que desconoce. Es una verdadera pesadilla en que la conciencia de la personalidad se pierde y prima el espíritu dinámico y caótico de la masa. Es el fenómeno de la estampida. Nada ni nadie puede detenerla, a no ser que llegue al abismo de su autodestrucción.

Cuando se llega a este estado es muy difícil controlar a un grupo. Hacer un llamado a la razón y la calma en este momento es perder el tiempo. La aplicación de medidas de fuerza y el ejercicio de una posición de liderazgo ayudan mucho. La única forma para evitar situaciones de pánico es el haber tomado con antelación ciertas medidas para prevenirlo.

Secuencia del Pánico
Aturdimiento e inconsciencia.
Sensación de miedo, angustia y desesperación en límites próximos a la locura.
Pánico o control:
Si prevalece el pánico viene el desastre.
Si sobrevive el control se inicia la recuperación de la conciencia y procede la calma. Este fenómeno se da en la mayoría de los casos cuando hay autocontrol.
Conciencia y aceptación del hecho.
Duda, temor e incertidumbre.
Sensación de desprotección, abandono e impotencia.
Si el sujeto es temperamento pasivo proferirá manifestaciones de rencor. Si el sujeto es de temperamento activo manifestará deseos de venganza.
Perdón u olvido. Perdón: motivado por el olvido consciente, mantiene los recuerdos de manera permanente.
Perdón: motivado por el olvido inconsciente.
El sujeto será víctima de constantes pesadillas.
Perdón aparente con el tiempo a menos que no se estimule con frecuencia la memoria latente.
Recuerdo. Retorno al paso 7 y el ciclo continúa.

ANÁLISIS DEL RIESGO

DETERMINAR LAS AREAS CRITICAS . LA AMENAZA . EVALUAR EL PELIGRO . GRAVEDAD - PROBABILIDAD . NIVEL DE RIESGO . MEDIDAS PREVENTIVAS . REDUCCIÓN Y ELIMINACIÓN DEL RIESGO.

OBJETIVO ESPECIFICO

QUE EL ALUMNO ESTE EN CAPACIDAD DE IDENTIFICAR LAS DIFERENTES AMENAZAS Y RIESGOS DEL PERSONAJE PARA APLICAR LAS MEDIDAS DE PROTECCIÓN NECESARIAS PARA REDUCIR LOS RIESGOS.

1. TEORIA DEL RIESGO

DEFINICION:

El riesgo es la proximidad o exposición voluntaria o involuntaria al peligro.

CLASES DE RIESGOS:

INOCENTE : Es cuando no se calcula, no se tiene en cuenta el peligro al que estamos expuestos, teniendo en cuenta que cualquier actividad por mínima que sea tiene riesgo.

CALCULADO : Es cuando al efectuar una actividad sabemos a ciencia cierta los peligros al que estamos expuesto, aceptamos el reto esperando actuar con profesionalismo y con los medios disponibles para prevenir o superar el peligro.

FUENTES DEL RIESGO

Es lo que origina el riesgo y se tienen tres fuentes en la seguridad Privada, vale aclarar que para la seguridad industrial existen otros tipos de fuentes de Riesgos Profesionales.

HUMANO : El hombre como tal es la mayor fuente de riesgo del mismo hombre, desde el inicio del hombre en la tierra, se ha buscado la Protección él mismo contra él mismo y contra otras. Con este concepto, se puede determinar que no solo existe el riesgo de otros, si no de nosotros mismo en el desarrollo de nuestra actividades, por ello están importante nuestra actitud y nuestras aptitudes para cumplir con la labor encomendada. El hombre por su naturaleza misma, desde su creación es débil ante propuestas ilegales y tentadoras, ante esto debemos tener esa convicción férrea de nuestros principios morales, pero también se determina que el hombre es débil ante el cansancio, la pereza, la enfermedad, por ello debemos estar preparados física y mentalmente. El otro lado del riesgo humano, es la delincuencia, que en sus diferentes modalidades y tipos, buscan el mal de otros, sin importar los medios utilizados y los daños que puedan causar. (Ver Modus Operandi).

TECNICO : Son todos aquellos medios técnicos que le dan al G.S. para complementar el cumplimiento de sus funciones, armas, comunicaciones, documentación, informática, vehículos, sistemas electrónicos, que de no saber emplear no cumplen su objetividad y que de no hacerse un mantenimiento adecuado, en cualquier momento pasan de ser una fortaleza a una debilidad, que pone en riesgo la seguridad del puesto. La tecnología ha llegado para apoyar la actividad de vigilancia y no para desplazarlo, se utiliza como un complemento de la Seguridad, pero la delincuente no se ha quedado atrás, empleando para ello una tecnología más avanzada o buscando el medio para quebrantar los dispositivos que se han colocado, efectúan Monitoreo de comunicaciones, seguimiento, vigilancia electrónica, armamento sofisticado, explosivos, etc. .

NATURALES : Son todos aquellos que son ocasionados por la naturales como sismos, terremotos, inundaciones, avalanchas, huracanes, etc. Hoy día estos fenómenos de la naturaleza, también pueden ser hechos por el hombre y son difíciles de contener, debemos estar preparados para que en caso de sucederse se pueda minimizar los daños.

GRADOS DEL RIESGO

Para determinar el grado de riesgo de una persona, instalación o actividad, se tiene en cuenta la siguiente formula :

POSIBILIDAD O PROBABILIDAD +	VULNERABILIDAD =	GRADOS DE RIESGO

PROBABILIDAD	: Es cuando un hecho se ha presentado con anterioridad y se puede probar que puede volver a ocurrir. La amenaza está fundamentada y se sabe la dirección u objetivo de la amenaza
POSIBILIDAD	: Es un hecho que puede suceder, no hay pruebas y tampoco se ha presentado con anterioridad. No está fundamentada y no se sabe la dirección u objetivo de la

	Amenaza.
VULNERABILIDAD	: Debilidades, deficiencias que tenemos en el sistema de seguridad o que se pueden presentar por fallas en un sistema óptimo. Este factor más la probabilidad que el hecho fuera a ocurrir nos determina el Grado del Riesgo.

NIVELES DEL RIESGO

NIVEL REAL DE RIESGO	PROBABILIDAD O POSIBILIDAD DE REALIZARSE LA AMENAZA	VULNERABILIDADES MAS NOTORIAS	DESCRIPCION
DESCONOCIDO LEVE O RARO MUY BAJO	No se percibe presencia cerca o inmediata de peligro. SITUACION SEGURA	No configura riesgo alguno	Simples indicios poco preocupantes.
NORMAL APARENTE BAJO	La amenaza de realizarse es el resultado de la casualidad. POSIBILIDAD	Se está considerando como un blanco de la delincuencia	Situación general Normal, se requiere de Observación. Es manejable.
MODERADO FRECUENTE MEDIO	Se presentan indicios de amenaza, o peligro. PROBABILIDAD	Ausencia de medidas de Seguridad. Falta actitud preventiva.	La amenaza o peligro es preocupante, sensación de inseguridad.
GRAVE PERIODICO ALTO	La amenaza se materializa, aparece el terrorismo y actividades delictivas. MATERIALIZACION	Ausencia de medidas de Seguridad, Defensivas, Preventivas	Peligro serio y Directo, la Desprotección llega a los Límites de la impotencia para garantizar la seguridad.
PELIGROSO PERMANENTE MUY ALTO	La amenaza se realiza en forma continua, grave y frecuente. SITUACION DE CRISIS	El sistema en su totalidad fallo. Se presenta la crisis.	Peligro cierto y Mortal. La inseguridad afecta todos por igual.

Observación: Diferentes autores que han escrito sobre los grados de Riesgos, definen a estos de diferente modo, por lo que se colocaron tres nombres diferentes que son válidos en seguridad.

NOMBRE DE LA
EMPRESA: ______________________________________

CUADRO DE INDICIOS Y FACTORES DE RIESGO

CARACTERISTICAS	NO	A VECES	SI	POR QUE?
	2	3	5	
LA EMPRESA DONDE LABORO SOBRESALE DE LAS OTRAS EMPRESAS				
EN LA EMPRESA DONDE PRESTO LA VIGILANCIA SE GENERAN SENTIMIENTOS DE ENVIDIA - RESENTIMIENTO				
LA EMPRESA MUEVE GRANDES CANTIDADES DE CAPITALES				
LA EMPRESA MANEJO GRAN CANTIDAD DE EFECTICO				
DESCONFIA DE LOS EMPLEADOS				
EN EL INTERIOR Y ENTORNO DE LA EMPRESA SE CONOCEN LOS SALARIOS DE LOS EJECUTIVOS				
LA EMPRESA ES MULTINACIONAL				
LA EMPRESA ASUME POSICIONES RADICALES, INJUSTAS Y/O HUMILLATIVAS				
LA EMPRESA TIENE UNA RECONOCIDA PUBLICIDAD				
EXISTEN FUNCIONARIOS DE LA EMPRESA QUE PUEDAN SER SECUESTRADOS EXTORSIONADOS				
LA EMPRESA A SIDO OBJETIVO DEL TERRORISMO O DELINCUENCIA				
HA NOTADO MOVIMIENTOS EXTRAÑOS EN EL INTERIOR				
HA NOTADO MOVIMIENTOS EXTRAÑOS EN EL ENTORNO				
SE CONSIDERA LA EMPRESA OBJETIVO TERRORISTA				
LOS FUNCIONARIOS -EMPLEADOS UTILIZAN ALTO PERFIL				
NO EFECTUAN PROCESO DE SELECCION DE PERSONAL Y ESTUDIO DE SEGURIDAD PERSONAL				

HAY CARENCIA DE LAS AUTORIDADES EN LA ZONA			
LA VISIBILIDAD AL INTERIOR ES FACIL			
LA VIGILANCIA PRIVADA ES MALA			
EXISTEN ADECUADOS CONTROLES DE ACCESO DE PERSONAL			
LOS CONTROLES INTERNOS DE TRAFICO SON MALOS			
EXISTE PARQUEDERO EN LA EMPRESA			
SON INADEECUADOS LOS CONTROLES DE ACCESO DE PERSONAL AL EDIFICIO			
EXISTEN EN LOS ALREDEDORES PARQUEADEROS			
CARECEN DE EQUIPOS DE SEGURIDAD : CAMARAS - SISTEMAS ELECTRONICOS DE SEG. ALARMAS			
NO ACEPTAN Y APLICAN LAS SUGERENCIAS QUE DA EL SERVICIO DE VIGILANCIA O AUTORIDADES			
CARECEN DE PLANES DE EMERGENCIA EN LA EMPRESA			
LOS EMPLEADOS CARECEN DE CAPACITACION CONTRA LOS ACTOS TERRORISTAS			
TOTAL DE PUNTOS			

CALIFICACION DEL RIESGO	PUNTAJE
MUY ALTO	DE 103 A 140 PUNTOS
ALTO	DE 85 A 102 PUNTOS
MEDIANO	DE 57 A 84 PUNTOS
BAJO	DE 56 PUNTOS PARA ABAJO

EJERCICIO PRÁCTICO :

Haga un análisis del puesto de Vigilancia donde labora.
Sugiera 5 características no contempladas en este Cuadro de indicios.

2. PROCESO DE ELABORACION DE ESTUDIO DE PROBABILIDADES

El proceso de elaboración del estudio de probabilidades consta de tres fases, así :

DESCRIPCION : La primera fase, es la descripción total del sitio donde se va a realizar el estudio de probabilidades, parte externa, que es el entorno, parte media, que son las barreras perimétricas y la parte interna que son las instalaciones, esta descripción tiene que ser al detalle por lo que se recomienda emplear cámaras fotográficas, de video y/o grabadora, elaborar croquis

ANALISIS : Una vez obtenida la descripción y de haber conocido el sitio al detalle, se hace un análisis de los sistemas de protección existentes con respecto a los actuales riesgos y vulnerabilidades.

CONCLUSION Y RECOMENDACIÓN: En esta fase se determinara el grado de Riesgo del sitio y se presentaran propuestas para minimizar los riesgos y desaparecer las vulnerabilidades, fortaleciendo el sistema de protección.

MANEJO DE INFORMACION Y CONTRAVIGILANCIA

QUE ES INTELIGENCIA PRIVADA

Es el proceso lógico y ordenado que se le hace a la información que se obtiene en el interior de una empresa, una vez procesada permite tomar las medidas necesarias para garantizar la seguridad de la Empresa y/o usuario de los servicios de Vigilancia y Seguridad Privada. Empleando los mecanismos de comunicación adecuados para divulgar la información obtenida a las autoridades competentes, brindando la colaboración necesaria para el fortalecimiento de la capacidad de Seguridad.

CICLO DE LA INTELIGENCIA

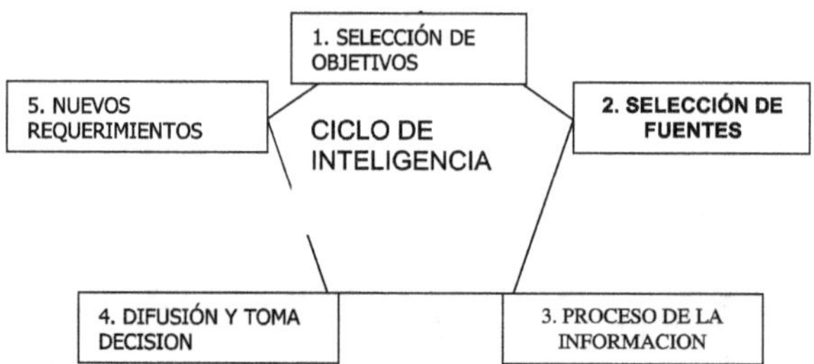

1. SELECCIÓN DE OBJETIVOS

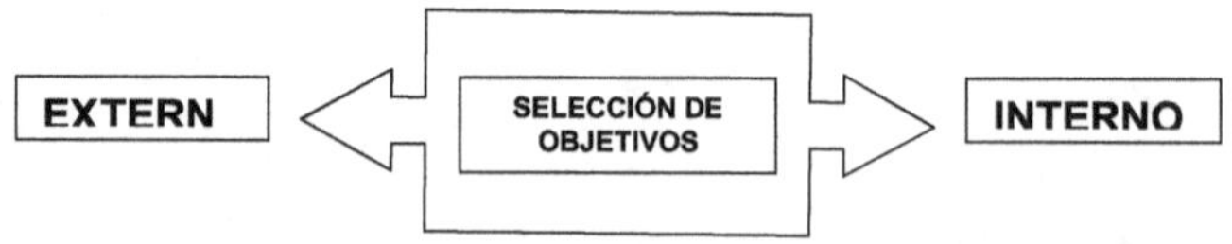

OBJETIVOS EXTERNOS

El objetivo principal es el identificar las amenazas actuales:

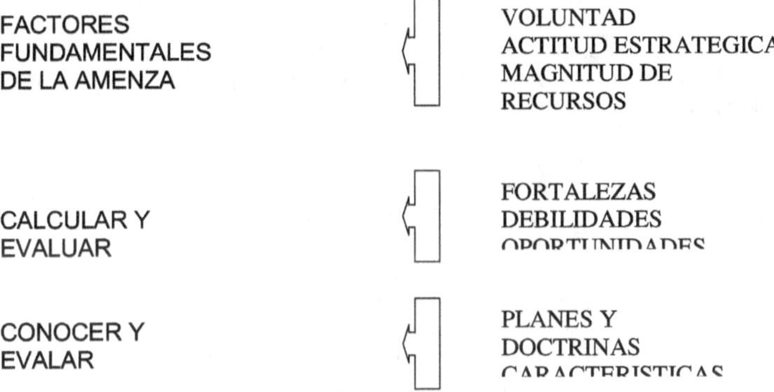

CONTRA VIGILANCIA

Operativos para detectar o desanimar los refuerzos de inteligencia enemigos. Ejemplo: para verificar si lo están siguiendo.
Pasar los semáforos en amarillo o rojo, para ver si el otro vehículo o hacen lo mismo.

Andan un tramo en contravía, entrar en calles sin salida, para verificar si el otro hace lo mismo.

Andar muy despacio a velocidad excesiva.

Detenerse en una calle repentinamente

Virar repentinamente en la misma calle y para ver si hace lo mismo.
Andar despacio y repentinamente acelerar para observar si el otro hace lo mismo.

Utilice el espejo retrovisor para controlar los movimientos del vehículo o vehículos que vienen atrás.

Una vez que la información se recopiles e organice, se procese, es decir, se analice, se compare, se evalúe, se convierta en INTELIGENCIA.

Los escoltas no pueden actuar con seguridad sino tienen información sobre los posibles riesgos, amenazas y peligros de la persona(s) que tienen que proteger. No se puede actuar a ciegas, por eso es importante hacer inteligencia, es decir, buscar la información que necesitamos para no correr riesgos, ni poner en peligro al personaje.

Los indicios de amenaza son una especie de indicadores de riesgo o peligro que se deben tener en cuenta y adoptar medidas de prevención o seguridad, para evitar que se conviertan en realidad.

- Indicios de amenazas en Áreas vecinas a la residencia.
- Persona simulando una actividad normal: vendedores, funcionarios de la empresa de teléfonos, acueducto, mendigos, jardineros, carteros.
- Vehículo parqueaderos en la vecindad simulando esperar a alguien.
- Vehículo en movimiento lento, simulando buscar una dirección.
- Personas paradas o caminado con fines de observación.
- Personas simulando leer un periódico o revista pero, con fines de observación.
- Personas que se hacen pasar por familiares de la persona protegida tratando de obtener información sobre la familia, actividades o rutinas.
- Personas tratando de hacer amistado con el servicio doméstico.
- Personas que buscan obtener una amistad sin permiso aparente.
- Intento de una persona o más personas sin aproximarse al personaje con cualquier pretexto, cuando éste sale o llega a su casa.
- Persona en actitud agresiva tratando de acercarse al vehículo o residencia del personaje.
- Paquetes abandonados cerca o frente a la residencia de la persona protegida.
- Paquetes o artefactos colocados dentro del recipiente de la basura.
- Un vehículo parqueado al frente de la residencia simulando estar varado.
- Indicio de amenaza en los desplazamientos.
- Seguimiento, persistente de un mismo vehículo con el mismo conductor.
- Seguimiento persistente de un mismo vehículo con conductor diferente.
- Encuentros ocasionales y repetidos con el mismo vehículo o persona.
- Vehículos ubicados insistentes en paralelo durante el desplazamiento.
- Vehículos que al ser observados por usted aceleran la marcha intempestivamente o cambian de ruta.
- Provocación de un accidente en cualquier sentido para hacerlo detener.
- Indicios de amenaza en la oficina.
- Humo de amenaza en la oficina.
- Humo, olores extraños, gases provenientes de los baños.
- Paquetes sospechosos en el parqueadero o cerca de la oficina.
- Personas que interceptan al personaje en las escaleras, ascensores o pasillos con la intención aparente de saludarlo.
- Personas simulando su autoridad para llegar a la oficina de la persona protegida.

- Persona autorizada para visitar una dependencia u oficina y resulta en otra.

- **SEGUIMIENTO**

-

- ***DEFINICION***
- La vigilancia secreta, es la que hacen las personas especializadas en forma de seguridad, dirigidas a la observación de personas, lugares u objetos varios.

-

- ***SUJETO***
- Es la persona, lugar o domicilio que se encuentra bajo vigilancia.

-

- ***COMPAÑERO***
- Es el cómplice del sujeto quien es el que avisa a este de la presencia de la autoridad, para que se dé la fuga.

-

- El agente de vigilancia no busca el contacto directo con el sujeto sino que trata de mantenerlo controlado, con observación de todos los movimientos a distancia.
- El agente secreto en cambio busca contacto directo con el sujeto.

-

- ***OBJETIVOS DE LA VIGILANCIA***
- Proteger a las personas
- Obtener pruebas de un delito
- Prevenir la delincuencia
- Localizar el sujeto (delincuente) vigilando sus movimientos, escondites, guaridas, socios o cómplices.
- Actividades del sujeto
- Obtener las pruebas necesarias para conseguir una orden de allanamiento o registro de la propiedad de vigilancia.
- Investigar las actividades, en un sitio sospechoso identificado a cada persona que entre o salga.

-

- ***CLASES DE VIGILANCIA SECRETA***
- Vigilancia móvil (a pie o en vehículo)
- Vigilancia estacionaria o Fija (desde uno de los puntos fijos)
- Vigilancia combinada

-

- ***CONDICIONES DEL AGENTE O VIGILANTE***
- Tener personalidad
- No atraer la atención
- Habilidad en este tipo de trabajo
- Capacidad natural
- Perseverancia

- Confundirse con el medio ambiente en el que le corresponda desenvolverse
- Paciente
- Estatura normal que no llame la atención
- Memoria
- Imaginación   Iniciativa
- Discreción
- Audacia
- Espíritu de aventura
- Trabajar voluntariamente sin horario definido
-
- ***PREPARATIVOS PARA UNA VIGILANCIA***
- Obtener una fotografía del sujeto y estatura
- Detalles significativos o características
- Inspección preliminar de la zona o sector por vigilar, tipo de transporte, posible vías de escape, sitios que ofrezcan observación oculta, edificios.
- Sistema de comunicación a emplear. Radios Radio teléfono.
- Cámara fotográfica Binoculares.
- Horario o plan de trabajo
- Explicación razonable (Fachada) respecto a su presencia en la zona.
- Clase de vestuario para cumplir con la misión-cambiar de apariencia.
- Dinero para cualquier eventualidad
- Preparar documentos falsos para uso de emergencia.
-
- ***VIGILANCIA A PIE***
- De acuerdo al sujeto, a su cautela o al objetivo de la vigilancia, el número de hombres vigilando puede variar.

otro medio, trate de tomar el mismo vehículo para no perderlo.
En la noche evite pararse en las esquinas con luces o puertas abiertas, ya que se refleja su sombra o silueta.

llamada, para tratar de escuchar la llamada del sujeto.

salga.

mular estar redactando un

Los vigilantes no deben estar parados por mucho tiempo, sino simular que están haciendo alguna otra actividad diferente a vigilar u observar.
No se apresure demasiado a terminar el trabajo, este trabajo puede durar hasta meses.

Cambiar su apariencia de vez en cuan do mudándose su ropa, usar gafas, sombreros, cachuchas, fumar pipa.
—

VIGILANCIA EN VEHÍCULO

El vehículo no debe ser demasiado notorio de colores comunes.
Utilizar equipo de radio para comunicarse entre sí entre sí o con la base.
Dos vigilantes por vehículo una conducta y el otro vigila, toma notas, opera el radio o bajarse del vehículo para continuar la vigilancia.
Tener licencia de conducción y saber conducir
Tener licencia de deducción y saber conducir.
Emplear por lo menos dos vehículos para cada vigilancia, guardando cierta distancia (los dos vehículos en la misma cuadra).
En zonas rurales es mejor dejar algunos carros intermedios o adelantársele y vigilar por el espejo retrovisor.
Cambiar de vehículo constantemente para reducir las posibilidades de que sea identificado el vehículo del vigilante.
Cambiar los vigilantes de carros, cambiar de puesto en el vehículo, cambiar la apariencia de los vigilantes con sombreros gafas, pelucas.
Estaciones en forma normal, para evitar sospechas del sujeto.

CONTRA VIGILANCIA

Operativos para detectar o desanimar los refuerzos de inteligencia enemigos. Ejemplo: para verificar si lo están siguiendo.
Pasar los semáforos en amarillo o rojo, para ver si el otro vehículo o hacen lo mismo.
Andan un tramo en contravía, entrar en calles sin salida, para verificar si el otro hace lo mismo.
Andar muy despacio a velocidad excesiva.
Detenerse en una calle repentinamente
Virar repentinamente en la misma calle y para ver si hace lo mismo.
Andar despacio y repentinamente acelerar para observar si el otro hace lo mismo.
Utilice el espejo retrovisor para controlar los movimientos del vehículo o vehículos que vienen atrás.

Una vez que la información se recopiles e organice, se procese, es decir, se analice, se compare, se evalúe, se convierta en INTELIGENCIA
Los escoltas no pueden actuar con seguridad sino tienen información sobre los posibles riesgos, amenazas y peligros de la persona(s) que tienen que proteger. No se puede actuar a ciegas, por eso es importante hacer inteligencia, es decir, buscar la información que necesitamos para no correr riesgos, ni poner en peligro al personaje.

BIBLIOGRAFIA

Manual Para La Vigilancia Privada Avanzado. Rafael Darío Sosa Gonzalez.Editorial. BUBOK PUBLISHING, S.L.,

DALE, Carnegie & Associates. Inc. Descúbrase como líder. Colombia. Editorial Sudamericana S.A. 1994

ADAIR, John. Líderes no jefes. Legis S.A. 1994

J.M Kouzes y B.Z Posner - Jossey - Bass. A991. El reto del liderazgo. San Francisco C.A. Publisher.

Escuela de la Américas. Manual FMI 22 - 100 liderazgo militar. Ejército de los EE.UU, fuerte Benning, Georgía.30 de junio 1989.

FRITZEN Silvio José. Adiestramiento de líderes. Colección pedagógica grupal, Bogotá. Agosto de 1989.

Tenientes Escuela de Armas y servicios. Noviembre 22 de 1996. Fundamentos de liderazgo y ética militar. "Erica professional y pedagogic del man do".

KRAUSE G. Donald. El camino del líder. Edap, Madrid. 1997. Page. 196.

Revista Oficina Eficiente. Institucional de Carvajal SA. No. 69, Enero-Febrero.1996. Pág.52-62

SANCHEZ, Beltrán Edgar. Calidad Superior. Talleres gráficos de sí. Impresores Cali. 1996. Page. 99

JUNGO GOMEZ, Sixto Tirso. Dinámica de grupos. USTA. Bogotá. Page. 341

COVEY R. Stephen. Los 7 hábitos de la gente altamente efectiva. Paidos, Barcelona. 1997. Pág.381.

ROSENBAUM, Bernard L. ¿Cómo motivar a los empleados de hoy? McGrawHill. México, 1995. Pág. 206

BENNIS, Warren. ¿Cómo llegar a ser líder?. Editorial Norma. Bogotá. 1990. Pág. 184.

Revista Universidad Abierta Universidad Del Tolima. Ibague, Julio 1995. Pág. 17-28.

CHAMPY, James. Ambición. Editorial Norma. Bogotá, 2000. Pág. 219.

LIDERAZGO. Manual de Capacitación. Medellín 1986. Pág. 28.

RODRIGUEZ, Carlos y otro. Ética Militar. K-well Editors. Bogotá 1998. Pág. 92.

Código de Ética del Comportamiento Militar. Fuerzas Militares de Colombia. Comando General Pág. 67.

O vi si te:
www.Securi tywork.com/LIBROS

Representantes y Di stri bui dores
Visite la web:
http://bubok.es/

Termi nado de i mpri mi r en Bogotá
En los Edi tori al BUBOK PUBLISHING, S.L.,
Bogotá - Colombi a
FECHA Y CANTIDAD

www.ingramcontent.com/pod-product-compliance
Lightning Source LLC
Chambersburg PA
CBHW071626150726
48000CB00004B/1905